G.W. Gessmann

Die Pflanze im Zauberglauben

Im Esoterischen Verlag sind viele weitere Bücher über: Spiritualität, Hexentum und Magie erschienen. Hier erhalten Sie auch Amulette, Athames, Hexensalben, Kerzen, Kräuter, Magische Spiegel, Räucherungen, Ritualöle uva.

Sie finden uns im Internet unter:
www.esoterischer-verlag.de

Überarbeitete Auflage 2018
Erschienen im Esoterischen Verlag, Basel, Zürich, Roßdorf
eine Marke der Sentovision GmbH
www.esoterischer-verlag.ch

Umschlaggestaltung, Gestaltung und Satz: FontFront.com, Roßdorf

Vertrieb durch Synergia Auslieferung
www.synergia-auslieferung.de

Printed in EU
ISBN-13: 978-3-932928-21-5

Bibliografische Information der Deutschen Bibliothek
Die Deutsche Bibliothek verzeichnet diese Publikation in der deutschen Nationalbibliografie; detaillierte bibliografische Daten sind im Internet unter http://dnb.ddb.de abrufbar.

Inhalt

Zauberpflanzen-Index

ERSTER ABSCHNITT * * * * * * * *

Die Pflanze im Zauberglauben.

Geschichtliche Einleitung.

Der Glaube an die Möglichkeit, durch besondere geheime Mittel aussergewöhnliche Wirkungen hervorbringen und in den natürlichen Lauf der Dinge eingreifen zu können, ist so alt als das Menschengeschlecht; demgemäss wird der Glaube an Zauberei auch bestehen, so lange noch ein Mensch auf Erden wandelt.

Dem Zauberglauben liegt wohl in letzter Linie die unausrottbare Ueberzeugung zu Grunde, dass den Körpern ausser den bekannten - grösstentheils sichtbaren - physische Eigenschaften auch noch verborgene, geheime (zauberhafte) Kräfte der Natur innewohnen, welche zu erkennen nicht allen Menschen möglich ist. Weiters aber glaubt man auch, dass geistige Kräfte auf physikalische Kräfte durch "magische" Beeinflussung direct Einwirkung zu nehmen vermögen.

Es liegt in der menschlichen Natur, dass man selbstredend solche geheime Kräfte grösstentheils den seltener anzutreffenden Gegenständen der Naturreiche beimessen zu sollen glaubte, dass dem entsprechend vorwiegend Dinge und Begebenheiten von ungewöhnlicher, nicht alltäglicher Art als Träger besonderer Kräfte und Wirksamkeit betrachtet werden.

Wenn schon die Aufklärung der sogenannten exacten Forschung eifrig daran ist, das Bestehen derartiger geheimer, geistiger Kräfte zu negiren und abzuleugnen, so wird dies Bestreben doch fast täglich durch unerklärbare Vorkommnisse ad absurdum geführt. Da die Wissenschaft sich aber leider auch gar keine Mühe giebt, deratige aussergewöhnliche Vorkommnisse zu erforschen und klarzustellen, so erscheint es ganz natürlich, dass der an solche Ereignisse oder Gegenstände sich hängende Aberglaube dadurch nur bestärkt wird.

Sonderbarer Weise ist der Glaube an solche Vorkommnisse und geheime Wirkungen natürlicher Dinge gerade bei jenen Volksstämmen, welche am meisten mit den unverfälschten Producten der Mutter Natur zu thun haben, am verbreitetsten. Wir sagen sonderbarer Weise deshalb, weil man veraussetzen sollte, dass Menschen, welche stündlich und minütlich die Natur zu beobachten Gelegenheit haben, wohl nicht leicht zu Fehlbeobachtungen verleitet werden sollten. Man ist beispielsweise gewohnt, bei den Landleuten fast stets ein ziemlich genaues und richtiges Vorherbestimmen der Witterungsverhältnisse auf Grund ihrer natürlichen Beobachtungen voraussetzen zu dürfen. Der Landman erkennt schon im Frühjahr aus gewissen, nur ihm bekannten Umständen, wie die Ernte des Jahres voraussichtlich ausfallen werde. Er irrt sich nur in seltenen Fällen, meist nur dann, wenn durch unvorhergesehene Elementarereignisse, durch Blitzschläge, Wolkenbrüche, Hagelschlag usw. das Gewachsene vernichtet wird.

Ein Studium der Culturgeschichte der Menschheit lehrt, wie bereits angedeutet, dass der Zauber- und Wunderglaube bei jenen Völkern am höchsten in der Blüthe steht, welche noch am wenigsten von der Cultur, von der sogenannten Aufklärung beleckt sind.

Jene Nationen und Volksstämme, welche sich die Feinheit und Schärfe ihrer Sinne am reinsten erhalten haben, sind es, die am hartnäckigsten an der Anschauung hängen, dass die gesammte Natur von unsichtbaren geistigen Ausflüssen durchströmt sei, welche von besonders organisirten oder befähigten Menschen und unter besonderen Umständen erkannt und dienstbar gemacht werden können.

Die Mythen- und Sagenpoesie derartiger Völker belebt auch Wald und Flur durch unsichtbare Geistwesen, welche theils menschenfreundlich gesinnt, theils böswilliger, dem Menschen feindseliger Art sind. Dieser Glaube besagt weiter, dass solche Wesen theils ihre geistigen Kenntnisse gutgesinnten Menschen mittheilen, theils dieselben dazu benützen, um Aengstliche zu schrecken und mancherlei Schabernack zu treiben.

Da kann es uns denn nicht wundern, wenn die Angehörigen der erwähnten Völker sich bemühten, Mittel auszufinden, welche dazu dienen sollten, ihnen die Gunst dieser kleinen Geistwesen zu verschaffen, oder deren üblen Einfluss abzuschwächen. Dazu erwiesen sich nun die Pflanzen, welche einem poetischen Volksglauben zu Folge der Gnomen, Elfen und Sylphiden Spielzeug sind, als besonders geeignet. Gewisse Kräuter erfreuen sich angeblich ganz besonderer Gunst der genannten kleinen Wesen, während andere durch Geruch und geistige Ausströmung denselben höchst zuwider und widerwärtig sein sollten. Dadurch wahrscheinlich, sowie durch den Umstand, dass die allmählich und unmerkbar vor sich gehende Grösse- und Gestaltveränderung der Pflanzen eine denselben innewohnende wunderbare Kraft vermuthen liess, dürfte die Aufmerksamkeit der Menschen auf die Pflanzenwelt gelenkt und dadurch der Grund zu einer sehr beträchtlichen und ausgedehnten Benützung der Pflanzen in der Zauberei gelegt worden sein.

Das wunderbare Leben der Pflanze, durch welches dieselbe aus dem Samenkorne heraus zum üppig grünenden, in prächtigen Farben erblühenden Gewächse getrieben wurde, konnte natürlich nur einer inneren einheitlichen Kraft, einer „Pflanzenseele", der Trägerin geistiger Kräfte und Fähigkeiten zugeschrieben werden. Dem entsprechend galten die Pflanzen in den Augen der Landbewohner als ein vollgiltiger Ausdruck einer unerforschlichen, mächtigen, geistigen Kraft, der Kraft der Mutter Natur.

Die in der Pflanze vermeintlich verborgene, selbe belebende kleine einheitliche Naturgottheit wurde zum Gegenstande der menschlichen Verehrung, und dadurch entstand der bei allen Völkern des Alterthums verbreitet gewesene Pflanzencult, welcher bald in den Baumcultus überging, da diese Gewächse durch ihre Grösse, Gestalt und Masse, sowie Lebensdauer augenscheinlich den höchsten Rang in der Pflanzenwelt einnehmen.

C. Bötticher hat in seinem ausführlichen Werke „Der Baumcultus der Hellenen" dargethan, welchen Umfang dieser Cultus bei den geistig höher stehenden Nationen des Alterthumes hatte.

Der Baumcult der Hellenen mit seinen Dryaden, Hamadryaden und Oreaden*) ward bald am höchsten

*) Unter Dryaden, Hamadryaden, wurden im griechischen Cultus Baum- oder Waldnymphen verstanden, deren Leben an die Lebensdauer eines von ihnen bewohnten Baumes geknüpft war. Wurde der Baum zerstört, so ging auch die Dryade zu Grunde.

entwickelte des Alterthumes und pflanzte sich von da auf die Römer usw. fort.

Der Baumcult der Alten beruht also auf der Vorstellung, dass er ein Hort des in Dryadengestalt verkörperten Lebens der Natur, ja selbst als ein Symbol des Unsterblichen aufzufassen sei.

Als solches ist der „Baum des Lebens" bereits auf den ältesten persischen, assirischen und ägyptischen Bildern vorzufinden. Die Weltesche „Ygdrasil" der Germanen, der Baum „Asoka" der Inder (Asoka heisst Kummerlos), der „Baum der Erkenntnis" der Juden und Perser sind ebenfalls nur auf diese Anschauung zurückzuführen.

Sehr häufig ist auch die Mythe, das die beiden ersten Menschen aus Bäumen erschaffen worden seien (aus den Bäumen „Ask und Embla"). Der Araber hingegen nennt die ihm zum Fortkommen so nöthige Dattelpalme den „gleicherschaffenen Bruder des Menschen".

Aber auch umgekehrt lässt die Sage oft besonders gewaltsam umgekommene Menschen in Bäumen oder als solche weiter leben. So soll z. B. Osiris als Erikabaum - der bekanntlich seinen Sarg umschloss-, Haoma in der heiligen Haomapflanze, Cypressus in der Cypresse, die Schwestern des Phaeton in den weinenden Bernsteinbäumen, Daphne im Lorbeer u. s. f. weiter leben.

Einer besonderen Symbolik entsprechend, wurden auch vielfach Bäume bestimmten Göttern zum Opfer dargebracht und in Verfolg derselben Gepflogenkeit um die Tempel der Gottheiten Haine aus den betreffenden Baumarten angelegt. So war beispielsweise der Oelbaum der Minerva, der Weinstock dem Bacchos, die Strandkiefer dem Poseidon, die Eiche dem Zeus, der Feigenbaum wegen seiner Ueppigkeit dem Pan und Priap geweiht.

Von den Kelten ist es allgemein bekannt, dass sie die Steineiche als Götterbaum verehrten. Die Germanen und Slaven zollten der Linde göttliche Verehrung, und wurde eine solche überall in Mitte der Ortschaften gepflanzt

Einzelne solcher heiliger Bäume erreichten einen Weltruf, so z. B. die Esche Ygdrasil, der Oelbaum der Akropolis, die heilige Palme der Insel Delos, der Ficus religiosa, unter dem Romulus und Remus angeblich von der Wölfin gesäugt worden sein sollen u.a.m.

Bei den Singhalesen auf Ceylon, den Hindus in Vorderindien, ferner den Malayen in Hinterindien werden heute noch die „Banyanen", das sind riesige, dem Feigengeschlechte angehörende und grosse Luftwurzeln bildende Bäume, göttlich verehrt. Die südamerikanischen Indianerstämme an den Ufern des Marânon treiben einen ausgedehnten Cult mit manchen Palmenarten, und mehrere Völker des tropischen Afrika verehren ebenfalls Feigenbäume als Gottheiten.

Letzte Spuren dieser Götterbaumverehrung haben sich bis auf unsere Tage – im Maibaume und der Christnachtstanne – erhalten. Doch kommen wir wieder zur Verwendung der Bäume als Zaubermittel zurück.

Die Zauberer der Meder und Scythen weissagten aus Baumzweigen, und zwar Erstere nach Herodot, wie es scheint aus Zweigen des Haoma-Baumes auf folgende Art:

Sie holen grosse Bündel von Zweigen oder Ruthen, legen selbe auf den Boden und schütteln sie dann auseinander. Hierauf wird Zweig bei Zweig, Ruthe bei Ruthe gelegt und daraus geweissagt. Während des Sprechens schüttelten sie die Ruthen oder Zweige wieder untereinander und legten dann nochmals aus, welches Spiel sich nach Bedarf häufiger oder weniger oft wiederholte.

Die Meder bedienten sich zu selbem Zwecke der Weidenruthen.

Bei den Enariern, den Weibmännern, galt Aphrodite als die Prophezeiung spendende Göttin. Dazu wurde Lindenbast benützt. Einer der Wahrsager nämlich spaltete vorerst den Bast dreifach, wickelte ihn dann zwischen seinen Fingern herum und gab beim Herausziehen seinen Wahrspruch.

Auch die Israeliten liessen sich nach Angabe des Propheten Hosea durch weise Männer aus Baumstäben wahrsagen: „Mein Volk fragt sein Holz und sein Stab soll ihm weissagen."

Die delphische Priesterin des Orakels wurde beim Wahrsagen mit einem Lorbeerzweige bekränzt.

Der Gebrauch der Bäume oder Baumzweige als Zaubermittel hat sich bis in unsere Tage erhalten und wäre da besonders die Verwendung von Haselzweigen als Wünschelruthe, worauf wir noch einmal zurückkommen werden, zu erwähnen.

Bevor wir auf eine systematische Besprechung der im Zauberglauben verwendeten Pflanzen eingehen, mag es nicht uninteressant sein, noch zweier mythologischer Persönlichkeiten zu gedenken, welche im Alterthume im Rufe gefürchteter Pflanzenzauberer gestanden waren. Es sind dies die Tochter der gefürchteten Regentin und Beherrscherin der Unterwelt, Hekate, welche zugleich als Vorsteherin aller bösen Dämone galt, dann die aus der Odyssee wohlbekannten Circe, welche durch aus Pflanzen gewonnene Zaubertränke alle Personen, die sie gastlich bewirthete, in Thiere umzuwandeln vermochte.

Hekatens Tochter Medea, als deren Vater die Sage den kolchischen König Aetes anführt, verhalf dem Anführer der Argonauten Jason bekanntlich durch zauberische Künste zum Raube des goldenen Vliesses. Medea soll besonders die Kunst verstanden haben, durch Bäder aus Kräutersäften zu verjüngen. Diesem Rufe verdankte sie es, dass sie den Pelias (dessen-Töchtern sie vorspiegelte, ihren alten Vater verjüngen zu wollen), weil er ihren ehrgeizigen Plänen im Wege war, in ihren Zauberkessel bringen und daselbst umkommen lassen konnte.

Medea war mit Jason geflohen und von diesem geheirathet worden. Nach zehnjähriger Ehe der Zauberin müde, verstiess aber Jason die Medea und wollte sich mit Glauke, der Tochter des Königs Kreon, vermählen. Media, welche davon erfuhr, sandte der Braut ein mit Pflanzensäften bezaubertes Brautkleid, sowie ein ebenfalls bezaubertes Diadem, so dass Glauke, als sie die geschenkten Stücke anlegte, plötzlich von daraus hervorbrechenden Flammen verzehrt wurde.

Medea soll einen grossen Zaubergarten besessen haben, in welchem viele giftige Kräuter und Arzneipflanzen angepflanzt waren, was wohl mit dazu beigetragen haben mag, sie in den Ruf einer Zauberin zu bringen.

Was die zweite erwähnte Zauberin, die Kirke oder Circe, betrifft, so wird diese in der Mythologie als Tochter des Helios und der Okeanide Perseis angeführt. Sie soll in der Nähe von Circejum, dem jetzigen Promontorio Circeo auf der Insel Aäa einen von glänzenden Steinen gebauten Palast bewohnt haben, der von gezähmten Löwen und Wölfen bewacht wurde, und in dem sie sich die Zeit mit Weben und Singen vertrieb. Circe ist hauptsächlich aus der Odyssee bekannt. Odysseus war nämlich aus seinen Irrfahrten unter anderem auch aus die Insel Aäa mit seinen Gefährten verschlagen worden. Circe bewirthete die

Schiffbrüchigen und verwandelte sie nachher durch Berührung mit Zauberpflanzen in Schweine. Durch das Mitleid Hermes erhielt Odysseus ein Kraut, welches die von den Zauberkräutern der Circe veranlasste Thierverwandlung aufhob und ihm so seine Gefährten wiedergab.

Circe soll bei ihren Zaubereien sich verwiegend der Mandragora bedient haben, so dass Plinius diese Pflanze sogar „Circaea" benennt.

Circens Zaubermittel scheinen nur in narkotischen Pflanzengiften bestanden zu haben, deren Anwendung ja bei den damit Behandelten alle möglichen Einbildungen hervorruft. Als Gegenmittel dagegen wird vielfach der Knoblauch erwähnt und scheint die Pflanze, welche angeblich Hermes den Odysseus als Gegenzauber empfahl auch nur Knoblauch gewesen zu sein; wenigstens hat Odysseus selbst späterhin diese Pflanze als Schutzmittel gegen Zauberei empfohlen und gelangte selbe sogar in den Ruf einer Panacee gegen Zauber jeder Art. Und zwar war es die „Allium magicum" benannte Abart dieses Zwiebelgewächses. Erst späterhin wurde auch der gewöhnliche Knoblauch „Allium sativum" in Griechenland und bei den Römern als Zauberschutzmittel emfohlen, so dass man die getrockneten Wurzelknollen dieser Pflanze sogar den Kindern als Amulet gegen das „mal occhio", das Verhexen durch den Blick, und gegen anderweitige Zauberwirkungen umband. Sehr bewandert in Pflanzenzauber scheinen auch die Thessalier gewesen zu sein, wenigstens wird von denselben berichtet, dass deren Weiber die Kunst verstünden, durch Salben Menschen in Vögel, Esel oder Steine zu verwandeln.

Die thessalische Zauberin Erichto ist fast eben so berühmt als Medea oder Circe.

Alle diese alten Ueberlieferungen leiden aber an grosser Unverlässlichkeit. Genauere Kenntniss von den Zauberkräutern und deren Wirkungen erhalten wir erst durch die Römer, insbesondere durch Plinius in seiner Naturgeschichte. Im XXIV. Buche dieses Compendiums erwähnt der genannte Schriftsteller unter Anderem, dass Demokritos eine Pflanze „Achemenidon" oder „Achaemenis" beschrieben hat, welche von der Farbe des Electrum (Bernstein?) und blätterlos war und im indischen Tardistylis gewachsen sein soll. Die Wurzel dieser Pflanze sollte die Eigenschaft besitzen, in Pastillenform gebracht und mit Wein vermischt, Verbrecher, welchen man dies Getränk eingiebt, durch schreckliche Geschichten in der Nacht so zu erschrecken, dass sie zum Geständniss ihrer Uebelthaten gebracht werden.

Eine andere Pflanze, die „Ophiusa" soll aus der äthiopischen Elephante stammen. Die Ophiusa ist von widerwärtiger Gestalt und flösste angeblich jenen, die davon genossen, eine derartige Furcht vor den Schlangen ein, dass sie aus Angst sich selbst entleibten.

Aus diesem Grunde reichte man sie Gotteslästerern zur Strafe. Als Gegenmittel gegen die Ophiusa wurde Palmwein bezeichnet. Als Liebesmittel wurden das „Satyrion", eine Pflanze, die angeblich bei blosser Berührung schon erregend wirken soll, dann die Wurzelknollen des Knabenkrautes (der Orchis) vielfach verwendet. Bei letzterer Pflanze galt die grössere und härtere Wurzelknolle als geschlechtlich erregend, während die kleinere und weichere gegentheilig wirken sollte. Als geschlechtlich beruhigend, somit als Gegenzauber für Liebeszaubertrunkene, wurden ferner noch die „Nymphaea", die „Daphne Cneorum", das „Agnus Castus", der „Knoblauch" und nicht in letzter

Linie der lilienartige „Asphodelus", eine angeblich auch im Unterreiche wachsende Wunderpflanze, gebraucht.

Ein „Mellampodium", das schon der Zauberer Melampus gebraucht hat, soll ebenfalls als Zauberkraut von ganz hervorragender Wirkung gewesen sein.

Als Heil- und Schutzmittel gegen den Scorpionbiss galt die sogenannte „Sideritis", und die „Verbena" sollte Frieden und Gesundheit bei jenen herbeiführen, welche das Kraut bei sich tragen. Auch das vom Cerberus, dem Höllenhunde ausgeschäumte „Aconitum" wurde als Heilmittel gegen die Krankheit von Scorpionen Gebissener gerühmt, während es gesunde Menschen tödtet.

Die „Asclepias acida", eine indische Pflanze, deren Milchsaft scharf reizend, säuerlich-bitter und zusammenziehend schmeckt, galt als Medium der Unsterblichkeit, als Essenz aller Nahrung, während es doch narkotische Eigenschaften besitzt. Dieser Saft wurde unter besonderen Feierlichkeiten aus den Pflanzen ausgepresst, mit bestimmten Mantrams, das ist Segenformeln, besprochen, erfreute sich bei Opfern allgemeiner Verwendung und wurde von den Brahminen genossen, um ekstatische Zustände herbeizuführen.

Entsprechend der im Alterthume herrschenden Naturanschauung, dass gewisse Pflanzen vorzüglich der Sonnenwirkung ihre Kraft entnehmen, während andere in ihrer Wirkung mit dem Nachtgestirne, dem Monde verwandt seien, wurde diese Pflanze wegen ihres zugleich beruhigenden Einflusses auf die Nerven „Soma", das heisst Mondpflanze, genannt. Der Somatrank ist heute noch ein wichtiges magisches Mittel in Indien.

Die „Theangelis", eine Pflanze, welche auf dem Libanon, dann auf dem Berge Dyctis auf Creta und endlich in Babylon und Susa gewachsen ist, soll die Eigenschaft besessen haben, jene, die davon genossen hatten, weissagend zu machen.

Eine in Bactrien und am Boristhenes vorkommende Pflanze, Namens „Gelotophylis“, soll die Eigenschaft besitzen, Lustigkeit zu erregen, welche erst durch Genuss von Fichtenkernen mit Pfeffer und Honig (in Palmwein genommen) wieder beruhigt werden kann.

Das „Maniacum solanum“ soll – wie wenigstens Dioskorides anführt – ebenfalls heitere Gesichte bewirken, wenn dessen Wurzel gepulvert in einer Drachme Wein getrunken wird.

Der Samen des „Bilsenkrautes“, sowie auch die ganze Pflanze war ebenfalls in der Zauberbotanik ein bekanntes Mittel, um Zorn zu erregen. Der Same sollte nämlich in hervorragendem Masse die Eigenschaft besitzen, beim Erwärmen einen Dunst auszuströmen, der, eingeathmet, Neigung zum Zorne hervorruft.

So ist im Dictionnaire de Médecine de l'encyclop. ein Fall beschrieben, in welchem Eheleute, die bisher friedlich mit einander gelebt hatten, plötzlich fortwährend wegen der geringsten Zwischenfälle in Zorn geriethen und zu streiten begannen. Endlich wurde bei einer Gelegenheit ein Säckchen mit Bilsenkrautsamen auf dem Ofen liegend gefunden. Nach dessen Entfernung kehrte der alte Friede wieder im Hause ein.

Dem Bilsenkraute wird noch eine andere sonderbare Eigenschaft zugeschrieben. Die von demselben Erregten hatten nämlich den Eindruck, dass ein Tropfen Wasser ein weites Meer sei, oder dass die Buchstaben einer vor ihnen liegenden Schrift belebt seien und tanzend durcheinander wirbelten. Wieder andere Personen wurden durch diese Pflanze derart beeinflusst, dass sie Alles scharlachroth erblickten und sich wie Besessene geberdeten.

Der „Schierling", ein bei den Zauberräucherungen und Hexensalben ebenfalls vielgebrauchtes Kraut, besitzt die Eigenthümlichkeit, Gesichte mit unzähligen herumstehenden Hunden und Katzen hervorzubringen.

Bekannt ist, welche Wirkungen der „Mohnsaft" erregt, der im Alterthume gleichfalls im Zauberwesen nebst der indischen Hanfpflanze eine grosse Rolle spielt.

Doch verlassen wir nun das Gebiet der alten Mythe, um uns dem modernen und mittelalterlichen Glauben an Pflanzenzauber zuzuwenden. Da bemerken wir die Eigenthümlichkeit, dass durch die Verbreitung des Christenthumes der Zauberei mit Pflanzen keineswegs die Lebensader unterbunden wurde, obzwar, wie die Geschichte lehrt, die Verbreiter des Christenthums es nicht daran fehlen liessen, mit eigener Hand in den Opferhainen die den Göttern geweihten Bäume straflos niederzuhauen. Obwohl in späterer Zeit sogar scharfe Gesetze gegen die Pflanzenanbetung und deren Verwendung zu zauberischen Zwecken erlassen wurden, ging diese Form der Magie nicht unter, sie änderte nur ihre Form.

Wo früher eine Pflanze dem Zeus, dem Wotan, der Ceres usw. geweiht war, entdeckte man seit Verbreitung des Christenthums gewisse Symbole und Aehnlichkeiten, welche die Verquickung der Pflanzenwelt mit der katholischen Religion ermöglichten.

So kam es, dass die im altgermanischen Götterglauben so hoch geschätzte Eichenmistel, welche von den Druiden nur mit goldener Sichel geschnitten werden durfte, sich im Handumkehren in ein „heiliges Kreuzholz" umkehrte, weil man aus gewissen Configurationen an der Pflanze die Aehnlichkeit mit dem Kreuze herausfand.

Eine Farrenart zeigt, wenn man ihren Wedelstiel durchschneidet, in weissem Felde eine Figur, welche einigermassen an den Buchstaben H (Heiland), oder an JC (Jesus Christus) erinnert. Alsbald wurde aus dem Kraute eine „Jesus-Christus-Wurzel" gemacht.

Die handförmigen Wurzelknollen einiger Orchisarten wurden mit dem heiligen Johannes in Beziehung gebracht und als „Johannishand" in den christlichen Pflanzenzauber eingeschmuggelt.

Wir lassen es bei diesen einigen Beispielen, welche man noch ins Zahllose vermehren könnte, bewenden und wollen nun das Gebiet der Pflanze in der Mythe gänzlich verlassen und uns einer systematischen Besprechung der auch heute noch zu abergläubischen Zwecken verwendeten Kräuter usw. zuwenden.

Um uns die Uebersicht zu erleichtern, werden wir im folgenden Abschnitte die einzelnen Pflanzen in alphabetischer Reihenfolge behandeln, wollen aber zuvor noch einer von dem verdienten Forscher Dr. Franz Unger aufgestellten Eintheilung der Zauberpflanzen gedenken.

Dr. Unger unterscheidet nämlich „Berufkräuter, Wetterkräuter, Wunderschlüssel und Glückskräuter"; je nach dem Zwecke, welcher mit der magischen Verwendung der betreffenden Pflanze verknüpft ist.

Als „Berufkräuter", nämlich solche Pflanzen, welche zum Zwecke des Berufens, Verrufens, Verschreiens dienen, gelten nach Unger jene, welche gegen das durch Hexen, Zauberer, böse Geister, Teufelseinflus usw. verursachte Uebel Schutz gewähren sollen.

„W e t t e r k r ä u t e r" sind Pflanzen welche entweder in oder am Hause wachsend, Elementarschäden, als da sind: Blitzschlag, Ueberschwemmungen, Feuersbrünste, Mäusefrass, Raupenschäden usw., verhüten sollen.

Als „Wunderschlüssel" gelten solche Pflanzen, welche dem Zaubernden angeblich Feinde zu entdecken und Schätze aufzuschliessen vermögen.

„Glückspflanzen" endlich nennt U n g e r jene Gattungen von Pflanzen, welche Reichthum, Liebesfreuden, Macht und Ansehen, Tapferkeit u.s.w. ihrem Besitzer oder dem, der sie als Amulete bei sich trägt, gewähren sollen.

Wir sehen der Uebersichtlichkeit halber - wie bereits erwähnt - von dieser sehr sinnreichen Eintheilung ab und beschliessen damit den ersten Abschnitt des vorliegenden Büchleins, um in der nächsten Abtheilung die Pflanzen in alphabetische Reihenfolge zu behandeln.

ZWEITER ABSCHNITT * * * * * * *

Alphabetisch geordnetes Verzeichniss der
zu Zauberzwecken verwendeten Pflanzen
nebst einer Beschreibung derselben.

* * *

Absynthium. 1.

Ein als geisterbannend im Gebrauch gestandenes Gewächs, dessen Identität mit einer der heute bekannten Pflanzen zu bestimmen nicht möglich war.

Achaemenidon. 2.

Ein bei Liebeszaubern in Gebrauch gestandenes Kraut, dessen Identität mit einer der heute bekannten Pflanzen zu bestimmen ebenfalls nicht möglich war. Sie soll vom Aussehen des „Electrums" gewesen, im indischen Tardistylis gewachsen sein. Deren Wurzel in Pastillenform genossen, besass angeblich die Eigenschaft, schreckliche Visionen hervorzurufen.

Ackelei. 3.

Es ist die unter dem Namen "Aquilegia vulgaris" in der Botanik besprochene Pflanze gemeint.

Der Ackelei ist ein sehr häufig aufzufindendes Gewächs aus der Familie der Hahnenfüsse und eine beliebte Zierpflanze in Gärten. Es ist eine mehrjährige Staude, die im Herbste völlig abstirbt, im Frühjahre wieder aus der Wurzel treibt. Sie erreicht eine Höhe von ca. 40 Centimeter, hat dünne, gerade Stengel, welche sich erst oben mehrfach vertheilen und die eigenthümlich geformte Blüthen tragen. Diese sind kelchlos und bestehen aus grösseren, gleichförmigen Blättern, zwischen welchen fünf kleinere röhrenförmige, nach rückwärts in einen schwach gerollten Sporn endigende Blättchen sitzen. Die Farbe der Blüthe spielt ins Perlfarbene und Violette. In der Medicin wird nur der Kern der Pflanze verwendet, und zwar soll er gegen Gelbsucht gute Dienste leisten. Im Zauberglauben gilt die „Aquilegia" als ein Schutzmittel gegen Bezauberung und Verhexung.

Adamantis. 4.

Ein nicht näher bestimmbares Kraut, welches zu Liebestränken und ähnlichen Zwecken im Gebrauche war.

Alant. 5.

Ein auch als „Galgantwurzel", „Helenakraut", „grosser Heinrich", „Ortwurz" und „Glockenwurz" im Volke bekanntes, als „Inula Helenium" botanisch bezeichnetes, der Familie der Radiaten angehöriges Gewächs. Die Wurzel desselben ist dick, ästig, mit vielen Fasern umgeben, braun oder grau von Farbe und innen weiss. Der Stengel ist rauh, mit Nebenzweigen versehen und trägt eirunde stengelumfassende Blätter, die runzlich und unten filzig sind. Die Glockenwurz ist eine perennirende, bis über 1 Meter hohe Pflanze, deren Blätter zum Theile Handbreite erreichen. Die Blumen derselben sind einzeln an den Spitzen der Zweige aufsitzend, von ansehnlicher Grösse, gestrahlt und ohne jeglichen Geruch. Die im März oder September zu sammelnde Wurzel wird von den Fasern befreit, geschält, in fingergrosse Stücke zerschnitten und getrocknet. Sie enthält glänzendbraune, stark kampferartig, gewürzig riechende Harztropfen, welche im trockenen Zustande veilchenähnlich duften.

Die Galgantwurzel ist officinell und in der Volksmedicin als ein bluttreibendes Mittel bei Frauen, sowie als ein schleim-, schweiss- und harntreibendes Medicament gebräuchlich.

Der Galgant ist in der Magie ein Zauberschutzmittel und wurde sowohl als Amulet gegen Behexung am Leibe getragen, als auch als Aphrodisiacum in Liebestränken verwendet.

Aloë. 6.

Diese Pflanze, und zwar deren unter dem Namen „Aloë soccoterina“ bekannte Species, gehört in die Gattung der Liliaceen und ist in Afrika (Arabien) zu finden. Die Stengel derselben sind gabelförmig, die Blätter schwert-lanzettförmig, gezahnt und am Rande mit kleinen weissen Dornen gedrängt besetzt.

Die Farbe der aufrecht stehenden Blätter ist graugrünlich; die Blüthen sind cylindrisch, von schön scharlach-rother Farbe, hängend, und haben grünlich gelbe Spitzen.

Die Aloë soccoterina findet man heute noch in den meisten Häusern Arabiens und Aegyptens nebst Krokodilbälgen über dem Hausthore aufgehängt, da derselben die Kraft zugeschrieben wird, den Bewohnern des betreffenden Hauses langes Leben, dem Gebäude selbst aber grosse Dauerhaftigkeit zu verleihen. Dieser Glaube scheint auf der Langlebigkeit und Anspruchslosigkeit der lange Zeit ohne Nahrung lebenden Pflanze zu basiren.

Sonst ist die Aloë soccoterina als medicinische Pflanze geschätzt und soll deren Gebrauch in kleinen Gaben die Schleimabsonderungen steigern, die Esslust anregen, die Verrichtungen der Leber befördern, Blähungen treiben und die Entleerungen vermehren.

Apollinaris. 7.

Ein dem Apollo geweihtes, bei den Arabern „Al Tercum" genanntes, wie es scheint mit dem Hyoscyamus identisches Gewächs, welches Visionen erregte und berauschend wirkte (Siehe Bilsenkraut.)

Anacampse-rotis. 8.

Ebenfalls wieder ein nicht näher feststellbares Gewächs, welches nicht nur bei Liebeszauber, sondern auch bei Räucherungen verwendet worden sein soll.

Artemisia.

Hier sind es drei Abarten dieser Pflanze, welche im Zauberglaben vorkommen, und zwar:

Artemisia Abrotanum. 9.

Auch „Stabwurz, Eberraute oder Eberreis" geheissen, mit grünlich gelben Blüthen, sehr angenehmen, stark aromatischem, citronenartigem Geruche und ebensolchem, etwas bitterlichem Geschmacke. Sie enthält viel ätherisches Oel, einen bitteren Extractifstoff und etwas Gerbstoff.

Diese Artemisiaart galt als ein besonderes Schutzmittel, um Kinder gegen Verzauberung und Beschreien zu schützen.

Die zweite hier in Frage kommende Art, die

Artemisia Absinthium, 10.

ist mit dem gemeinen Wermuth identisch. Es ist dies eine mehrjährige Staude, deren Blätter, Stengel und Blüthenhüllschuppen mit feinen graulichen Härchen bekleidet sind, wodurch das Grün der Pflanze einen eigenthümlichen silberartigen Anstrich erhält. Die unteren Blätter sind zwei- bis dreifach fiederspaltig, die Platte von länglichem Umriss, die Zipfel lanzettförmig. Die obersten Blätter sind einfach lanzettlich, die Blüthenköpfchen kugelförmig, gestielt, überhängend, die Blüthen selbst von eigelber Farbe. Das Absinthium ist durch einen starken, mässig unangenehmen Geruch, sowie seinen Reichthum an einem gelblich grünen ätherischen Oel, das den starken Geruch bedingt, ausgezeichnet. Die Pflanze enthält ferner ein sehr bitteres Alkaloid, Eiweiss, Mehl und Salze.

Der Wermuth gilt in der heutigen Medicin als ein vorzügliches Heilmittel bei allgemeiner Schwäche, bei schlechter Verdauung, Verschleimung, Krämpfen und ähnlichen Leiden.

Diese Pflanze wurde im Hexenwesen vielfach als Bestandtheil der Hexensalben und Tränke verwendet und soll wüste Träume, flüchtigen Wahnsinn, ja selbst Tobsuchtsanfälle in diesen Zusammensetzungen bewirkt haben.

Die dritte hier zu erwähnende Abart der Artemisia endlich ist die.

Artemisia Vulgaris, 11.

besser gekannt unter dem Namen „Beifuss".

Es ist dies eine ausdauernde Staude, mit ziemlich kahlem Stengel, der oberseits dunkelgrüne, unterseits weissfilzige Blätter trägt. Die unteren derselben sind gestielt und haben eine fieder- oder handtheilige Platte in grobgesägten Abtheilungen. Der obere Theil des Stengels ist rispig und trägt sehr zahlreiche Köpfe. Die abgestorbenen Wurzeln dieser Artemisiaart sind als ein Specificum gegen Epilepsie geschätzt, das Kraut selbst dient ähnlichen Zwecken wie der Wermuth.

Der Beifuss spielt im Zauberglauben eine grosse Rolle und heisst es unter Anderem, dass ein aus dessen Wurzeln geflochtener Gürtel, der sogenannte „Johannisgürtel", wenn er von einer kranken Person in die Flammen des Johannisfeuers geworfen wird, alle Leiden des Patienten auf das Feuer überträgt und diesen gesund macht.

Ein anderer Glaube besagt, dass am Johannistage unter der Wurzel des Beifuss Kohlen gefunden werden können, die, wenn sie unter gewissen Beschwörungen gehoben werden, sich in Gold verwandeln.

„Beifuss im Hause treibt den Teufel in die Flucht und Beifusswurzel über dem Thore feit das Haus gegen alle Uebel und Ungeheuer."

Astrologenschwamm. 12.

Ein auch „Fungho degli astrologici" genannter, mit „Agaricus hariolorum" oder „Agaricus sagarum„ identischer kleiner Pilz, der im Sommer auf abgestorbenen Blättern zu wachsen pflegt, unschädlich ist, ja sogar genossen werden kann.

Er wurde in Italien als Zaubermittel, und zwar wie es scheint zu Salben und Amuleten verwendet.

Bärlapp. 13.

Ein zur Familie der Bärlappgewächse gehöriges, mit dem botanischen Namen „Lycopodium clavatum„ bezeichnetes Gewächs, welches im Volksmunde auch als

„Johannisgürtel" angeführt wird. Es hat einen runden kriechenden, bis 3/4 Meter langen zweigetheilten Stengel, eben so kriechende Aeste, von welchen die fruchtbaren aufgerichtet find. Die Blätter des Bärlapp sind gewölbt, mit der Spitze und der haarförmigen Borste eingekrümmt, schwach gezähnt, nervenlos und gelblichgrün. Die Aehren sind langgestielt, endständig, aufrecht und ziegeldachartig. Die Pflanze ist durch das eigenthümlich fettige, blassgelbe Pulver, welches deren Antheren enthalten, bekannt und wird dieses unter dem Namen „Bärlappsamen" in den Apotheken verkauft. Es ist im Volksmunde als „Hexenmehl" gekannt.

Die Pflanze galt in der Zauberei als ein Beschreikraut, welches, am Leibe bei sich getragen, gegen Hexerei gefeit machte. In Polen wird es ebenfalls noch zu anderem Zwecke, nämlich gegen den Weichselzopf als Amulet getragen.

Baldrian. 14.

Ein in der Botanik unter dem Namen „Valeriana officinalis" bekanntes Gewächs mit ausdauerndem Wurzelstock und aufrechtem Blüthenstiel. Es kommt im Volke unter der Bezeichnung „Katzenkraut, Wendwurzel, St. Jürgenskraut und Theriakwurzel" vor, hat einen kurzen, abgebissenen Wurzelstock und erreicht circa 1 1/4 Meter Höhe. Der Stengel ist gefurcht und besitzt Blätter von verschiedenem Schnitte. Die oberen Blätter sind stets fiedertheilig. Die Blüthen sind zart rosaweisslich und sehr zahlreich und klein.

Der Geruch des Baldrians ist eigenthümlich aromatisch, er wird in der Nähe fast unangenehm; sein Ge schmack ist scharf bitter. Dieses Kraut enthält ätherisches

Oel, Baldriansäure, Harz, einen eigenartigen Extractivstoff, Stärke, Gummi und vegetabilischen Faserstoff.

Es gilt in der heutigen Pharmacie als ein Nervenmittel bei überwiegenden Fieberzuständen.

Der Baldrian, dessen Namen wohl auf den deutschen Gott Baldur, dem das Kraut geweiht war, zurückzuführen ist, gilt im Zauberglauben als ein glückbringendes und tapfermachendes Mittel. Es soll unter dem Kreuze Christi entstanden sein und dadurch seine magische Wirksamkeit erlangt haben.

Belladonna. 15.

Diese mit den deutschen Namen „Tollkirsche, Wuthkirsche" und „Teufelsbeere" bezeichnete, botanisch „Atropa Belladonna" genannte, der Gattung der Nachtschattengewächse angehörige Pflanze besitzt eine dicke, ästige Wurzel und aufrechte, circa 1 Meter hohe, oberwärts wiederholt gabelspaltige, flaumhaarige Aeste, an welchen die gestielten, spitzig-eiförmigen, ganzrandigen Blätter aufsitzen. Unten sind dieselben wechselständig, an den obersten Aesten aber gepaart. Die kurzgestielten Blüthen von röthlich violetter, schmutziger Färbung kommen aus den Winkeln der Aeste und der Blätter hervor, und zwar einzeln oder zu Zweien. Die Blumenkrone ist walzig glockenartig, geadert, unten grüngelb, oben wie erwähnt violettbraun, und entwickelt sich aus derselben eine glänzend röthlich-schwarze Beere von der Grösse und Gestalt einer Kirsche, welche sehr giftig ist und vielfach von Kindern irriger Weise als Waldkirsche genossen wird.

Der giftige Bestandtheil ist das in der ganzen Pflanze, hauptsächlich aber in den Blättern und der Wurzel enthaltene Alkaloid Atropin, welches in der heutigen

Medicin vielfache Verwendung findet. Es gilt als ein Hauptmittel besonders in Krankheiten des Nervensystems, indem es die krankhafte Empfindsamkeit der Nerven herabsetzt. Auch zur Erweiterung der Pupille wird es vielfach angewendet.

Im Zauberwesen kommt die Belladonna wohl nur als wesentlicher Bestandtheil der Zaubersalben und Getränke in Betracht, woselbst sie durch ihr Alkaloid narkotische Wirkungen, Visionen, Schlafzustände u.s.w. bewirkt.

Bellonaria. 16.

Ein Kraut, dessen Idendität ebenfalls nicht genau sicherzustellen ist. Es wurde als nekromantisches Mittel gebraucht und bei Geisterbeschwörungen theils als Räucherung, theils als Pulver verwendet.

Beschreikraut. 17.

Dürfte mit der „Stachis recta", einer der Ordnung der Lippenblüthler angehörigen krautartigen Pflanze identisch sein.

Dasselbe wurde zum Schutze gegen Bezauberung entweder als Amulet am Leibe getragen, oder aber unter den Thürschwellen der Häuser vergraben, um auch bösen Geistern den Eintritt in die Wohnräume zu wehren.

Bilsenkraut. 18.

Das Bilsenkraut, eine unter dem Namen „Hyoscyamus niger" in die Familie der Nachtschattengewächse eingereihte Pflanze von äusserst giftigen Eigenschaften, wird im Volksmunde auch „Schlafkraut", „Zigeunerkraut", „Prophetenkraut", „Tollkraut" oder „Teufelswurz" geheissen.

Die Wurzel derselben ist in der Regel zweijährig, hellbraun oder gelblich und bei den grösseren Pflanzen möhrenartig. Der Stengel, welcher bei 1/2 Meter hoch wird, trägt buchtig gezahnte Blätter, von welchen die untersten gestielt sind und zeitig abfallen. Die gelben oder ockerfarbigen Blüthen, welche im Schlunde violett gefärbt sind, sitzen in den Achseln der oberen Blätter dicht am Stiele auf und zeigen eine glockigröhrenförmige Gestalt mit fünflappigem Saume. Sie zeichnen sich dadurch aus, das die vom welkenden fünftheiligen Blumenkelche umgebene Samenkapsel oben mit einem besonderen Deckel aufspringt. Die Blätter des Bilsenkrautes und deren Stengel sind mit klebrigen Haaren versehen.

Kraut und Samen enthalten ein stark narkotisches Alkaloid, das Hyoscyamin, welches als milderndes, schmerz- und krampfstillendes Mittel in der modernen Pharmakopoe Verwendung findet.

Das Kraut muss vor der völligen Entwickelung der Blüthen eingesammelt werden; es riecht sehr stark, unangenehm, fast betäubend und enthält ausser dem gegenannten Alkoloide eine eigenthümliche Säure und einen nach Canthariden riechenden Bestandtheil, sowie fettes Oel, das hauptsächlich in den Samen aufgespeichert ist.

In der Magie galt das Bilsenkraut als ein Wettermittel, wenn es unter Berücksichtigung besonderer Verhaltungsmassregeln gepflückt wurde. Es sollte nämlich nach Trockenheit und lang anhaltender Dürre Regen bringen, wenn es mit dem kleinen Finger der rechten Hand ausgerissen und dann an die kleine Zehe des rechten Fusses eines völlig entkleideten jungen Mädchens gebunden wurde. Eine weitere wesentliche Bedingung dabei war aber, dass das betreffende Mädchen hierauf unter

Wahrung gewisser feierlicher Ceremonien und Besprechungen mit Wasser begossen wurde.

Das Bilsenkraut scheint mit dem beim delphischen Orakel im Gebrauch gestandenen „Herba Apollinaris" identisch zu sein.

Es wird seines narkotischen Alkaloids halber auch unter den Bestandtheilen der Hexensalben und Räucherpulver angeführt, worüber wir noch bei Besprechung der Hexensalben berichten werden.

Bingelkraut. 19.

auch „Hundskohl, Ruhrkraut, Kuhkraut, Schweisskraut oder Speckmelde" genannt, botanisch als „Mercurialis annuna" der Gattung der Rautengewächse eingeordnet, ist eine bis zu 3/4 Meter hohe Pflanze mit eilanzettförmigen Blättern und grünlichen Blumenähren. Das Kraut besitzt einen angenehmen Geruch, schmeckt etwas salzig-bitter und schleimig-fade. Es gilt in der Volksmedicin als ein erweichendes und gelind purgirendes Mittel, welches auch gegen Wassersucht im Gebrauche steht.

Im Zauberwesen ist das Bingelkraut und besonders die als „ausdauernde Bingel" bekannte Pflanze wegen ihrer narkotischen Bestandtheile bei den Hexensalben und Räuchermitteln im Gebrauche gewesen.

Birke. 20.

Die Birke, ein unter dem lateinischen Namen „Betula alba" in die Gattung der Kätzchenblüthler eingereihter Baum, ist von schlankem Wuchse, wird bis 80 Fuss hoch und besitzt eine weisse, glatte, in papierdünnen Blättchen sich ablösende Rinde. Die gestielten Blätter sind rautenförmig oder dreieckig, langgespitzt, doppelt gesägt und glatt. Die einhäusigen Blüthenkätzchen entfalten sich mit den Blättern zugleich im Frühjahre. Die Staubkätzchen sind länger und hängen meist zu zweien am Gipfel der Triebe.

Die Rinde sowie die Blätter der Birke gelten als Fiebermittel sowie als harntreibendes Medicament. Der Saft der Birken, der sogenannte „Birkenbalsam", gilt als Schönheitsmittel und wird auch vielfach getrunken. In der Zauberei wurden die Birkenzweige als Mittel zum Losen beim Wahrsagen, der Birkensaft aber bei Liebestränken gebraucht.

Bittersüss. 21.

Es ist dies das botanische „Solanum dulcamara", im Volksmunde „Kletternachtschatten" oder „Hirschkraut" genannt und gehört der Gattung der Nachtschattengewächse an. Es bildet einen Halbstrauch mit circa fingerdickem, rundlich vierkantigem Stamme, dessen gestielte Blätter eiförmig oder auch herzeiförmig sind. Dieselben erscheinen oft spiessig geohrt, die den Blättern gegenüber stehenden Trugdolden haben meist violette Achsen. Der fünftheilige Kelch ist klein, die Blume selbst sternförmig, violett und trägt auf grünem Grunde zehn weissliche Grübchen. Die spitzig-eiförmige Beere ist glänzend scharlachroth. Das Bittersüss besitzt einen eigenthümlichen Geruch, an dem es schon auf mehrere Schritte kenntlich ist.

Sein Geschmack ist vorerst bitter, dann nachträglich süss, daher der Name Bittersüss. Als narkotischen Bestandtheil enthält es ein eigenthümliches Alkaloid, das „Solanin", und ausserdem noch einen bittersüssen Extractivstoff, das „Picroglycion".

In der Medicin als Mittel gegen Scrophulose sowie besonders gegen syphilitische Hautkrankheiten gebräuchlich, wirkt es auf die Ausscheidungen der Haut, Nieren und Bronchien anregend ein.

Im Zauberglauben ist es als Schutzmittel gegen Behexung gepriesen und wird besonders von Kindern in einem ledernen Säckchen als Amulet am Halse getragen.

Bocksdorn. 22.

Mit dem botanischen Namen „Lycium" geheissen, ist dies Gewächs eine der Gattung der Nachtschattengewächse angehörige Pflanze. Der Bocksdorn wächst als Bäumchen von circa 2 Meter Höhe und hat sehr ungleiche weisse oder grauliche, stark knotige und vielfach mit Dornen besetzte Aeste und Aestchen. Die Blätter wachsen büschelig zu 6 und 10 aus den Knoten heraus, die Blüthen einzeln aus der Mitte der Blätterbüschel auf langen fädigen Stielen.

Man bereitet aus demselben einen unter dem Namen Lycium gebräuchlichen Extract, welcher gegen Flechten und Ausschläge officinell ist. Der Bocksdorn ist dadurch eigenthümlich, dass dessen Holz beim Brennen im Herde solche Explosionen verursacht, dass die Kochtöpfe dadurch umgeworfen werden.

Die Magie bediente sich des Bocksdorns als eines Sicherungsmittels gegen Behexung und Zauberei, und zwar wurden Büschel seiner Aeste an Fenstern und Thüren aufgehangen, um den bösen Einflüssen den Eingang zu verwehren.

Cariacesia. 23.

Eine Pflanze, welche mit keinem der gegenwärtig bekannten Gewächse mit Bestimmtheit zu identificiren ist.

Sie galt in der Magie als Zaubermittel bei Liebeszaubern, Behexungen und Beschwörungen.

Cemos. 24.

Eine ebenfalls nicht mehr bestimmt identificirbare Pflanze, welche in der Magie ausschliesslich bei Liebeszaubern und Liebestränken in Verwendung stand.

Christdorn. 25.

Auch unter den Namen „Stechpalme", „Stecheiche" und der botanischen Bezeichnung „Ilex" bekannt, ist dies ein strauchartiger Baum, welcher eine glatte braune, an den Aesten grüne Rinde besitzt. Seine Blätter sind elliptisch-spitzig, wellig, stark dornig gezähnt und so glatt, dass sie spiegeln. Die Blüthen sind weiss, in achselständigen Doldentrauben und reifen scharlachrothe Beeren. Die schleimig-bitterlich und herb schmeckenden Blätter sind in der modernen Pharmacie als Mittel gegen gichtig-rheumatische Zustände gepriesen. Aus der Rinde bereitet man vorzüglichen Vogelleim.

In der Magie gelangten nur die rothen Beeren - mit den Blutstropfen Christi verglichen - zur Verwendung, und zwar sollen dieselben einen wichtigen Bestandtheil der Räuchermittel und Hexensalben gebildet haben.

Cnebison. 26.

Ein Kraut, dessen Identität nicht mehr zu bestimmen ist.

Es galt geisterbannend und wurde in diesem Sinne theils am Körper als Amulet getragen, theils über Thüren aufgehängt. Auch gelangte es an Orten, die wegen Geisterspuks verschrieen waren, bei Beschwörungen und Exorcismen zur Anwendung.

Donnerbart, 27.

auch „Barba Jovis" genannt, im Volke als „Hauswurz" wohlbekannt, botanisch mit dem Namen „Sempervivum" bezeichnet, gilt diese Pflanze noch heute als ein beliebtes Hausmittel. Sie hat eine ausdauernde Wurzel und zahlreiche kurze Stämmchen, welche an der Spitze eine Rosette von fleischigen, gewimperten, graugrünlichen Blättern tragen. Aus circa fusshohen Stengeln kommen die zarten rosenrothen Blüthen in einseitigen Trugdolden heraus.

Die sehr saftreichen, frisch schwach säuerlich herb schmeckenden Blätter gelten ihrer beruhigenden kühlenden Eigenschaft halber als Fiebermittel, sind ferner gegen Ruhr, Entzündungen, Blutungen u.s.w. geschätztes Hausmittel.

In der Magie gilt der Donnerbart nicht nur als ein Wettermittel, das angeblich jedes Haus, auf dem die Pflanze wächst, vor Blitzschlag schützen soll, sondern auch als beliebtes Mittel zur Vertreibung der Warzen auf sympathetischem Wege. Wenn nämlich die Warze gestochen wird, bis ein Blutstropfen hervorquillt, die Stelle dann mit einem angebrochenen Hauswurzblatte eingerieben und die ganze Pflanze unter Citirung gewisser Beschwörungsformeln rücklings gehend in ein fliessendes Wasser geworfen wird, so sollen angeblich die Warzen vergehen.

Donnerbesen. 28.

Eine ebenfalls als Wettermittel geschätzte Pflanze, respective eine durch einen Blattpilz, den „Aecidium elatinum" hervorgebrachte Missbildung, welche vorwiegend an Tannen zu beobachten ist.

Sie ist gegenwärtig nur durch ihre Seltsamkeit und Seltenheit beachtenswerth; die mittelalterliche Magie schrieb diesen Missbildungen eine blitzsichernde Kraft zu, daher auch der Name „Donnerbesen".

Eberesche. 29.

Auch unter dem Namen „Vogelbeerbaum, Vogel-Speierling, Aschbaum, Güreschbaum, Maalbaum und Drosselbeere", botanisch als „Sorbus Aucuparia" bezeichnet, ist ein ziemlich hochstämmiger Baum mit gefiederten Blättern und filzigen Knospen. Er hat kleine weisse Blüthen, welche in reichblüthigen Doldentrauben hervorkommen. Die daraus entstehenden Früchte sind scharlachroth und erbsengross.

Diese Beeren sind von herb saurem, unangenehmem Geschmacke, enthalten eine sehr reine Apfelsäure und sind als harntreibendes Mittel gebräuchlich. Sie werden auch als Brechmittel officinell gegeben. In der Magie wurde der Ebereschenbaum auch als „Drachenbaum" bezeichnet. Man pflanzte ihn vor Stallthüren und steckte Zweige davon über die Thüren, damit sie vor Drachen und sonstigen Ungeheuern schützen sollen.

In Schweden gilt heute noch der Drachenbaum als gegenzauberisches Mittel und werden Zweige von dieser Pflanze im erwähnten Sinne gebraucht.

Eberwurz. 30.

Diese auch „Karlskraut" geheissene, stengellose Pflanze ist unter dem botanischen Namen „Carline acaulis" bekannt. Sie hat eine sehr starke rübenartige, unten verzweigte Wurzel. In der Regel fehlt der Stengel gänzlich, doch kommen hie und da Spielarten mit bis fusshohem Stengel vor. Die Blätter sind länglich und fiederlappig, die Lappen dreispaltig und mit starken Stacheln besetzt. Die äusseren Hüllschuppen sind der Blätterform entsprechend gebaut, doch schmäler und bräunlich gefärbt. Die inneren Blätter sind weisslichgelb. Der Blüthenkopf ist gross und erreicht einen Durchmesser bis zu 20 Centimeter.

Die Eberwurz ist heute nicht mehr officinell, gilt aber im Volksglauben um so mehr.

In erster Linie schreibt man ihr wetterkündende Kräfte zu, indem sie nur bei Sonnenschein die Blätter öffnet. Den Namen „Eberwurz" hat sie daher, weil vom Genusse des Bilsenkrautes gelähmte Eber sie als Heilmittel geniessen sollen. Dieser und anderer ihr zugeschriebenen Heilkräfte halber wird sie vom Landvolke an die Tröge der Schweine genagelt.

Es heisst ferner, dass wer Eberwurz als Amulet bei sich trage, niemals ermüden könne.

Es geht von der Entdeckung der Heilkräfte dieses Krautes die Sage, dass, als Karl der Grosse einst in Aufregung über die herrschende Pest ermüdet eingeschlafen war, dem Träumenden ein Engel erschienen sei, der ihm befahl, einen Pfeil in die Luft zu schiessen. Jenes Kraut, auf das der Pfeil beim Herunterfliegen falle, sei ein Heilmittel gegen die Pest. Karl befolgte diesen im Traume erhaltenen Rath und blieb der Pfeil in einer Eberwurz stecken. Als dieselbe ärztlich angewandt wurde, hörte die Seuche thatsächlich auf.

Eibe. 31.

Der Eibenbaum, nach dem botanischen Namen auch „Taxus" genannt, erreicht bis 6 Meter Höhe, hat eine rothbraune Rinde und eine fast kugelige Krone. Die Blätter stehen in doppelten Zeilen und sind wie bei den Tannen oben dunkler als unten, dabei spitzig. Die Blüthen sind zweihäusig, die Staubblüthen in kleinen Kätzchen, die Früchte sind kugelige, hochrothe Beeren.

Der Baum gilt mit Unrecht als giftig.

Die Magie räth das Tragen eines Stückchens Eibenholz als bestes und sicherstes Mittel gegen jedwede Bezauberung an. Dementsprechend werden in manchen Gegenden Südeuropas heute noch kleine, aus Eibenholz geschnittene Kreuze den Kindern als Amulete gegen Bezauberung um den Hals gehangen.

Eisenhut.

32.

Ein botanisch als „Aconitum Camarum" bezeichnetes, zur Gattung der Hahnenfussgewächse gehöriges, blau blühendes Gewächs, welches beiläufig 20 Centimeter hoch wird und feingetheilte Blätter besitzt. Die Blumenkappen des Aconitum Camarum stehen aufrecht und haben einen hakigen Sporn.

Die Blätter der Pflanze werden gesammelt und getrocknet und enthalten ein scharf-narkotisches Alkaloid, das „Aconitin".

Im frischen Zustande zerrieben, riechen die grünen Blätter höchst unangenehm, schmecken zuerst bitterlich, dann anhaltend brennend.

Das Alkaloid gilt als ein harntreibendes Mittel, welches bei Herzleiden, Scrophulose, Syphilis, Lungenschwindsucht und ähnlichen Krankheiten mit Erfolg gegeben wird.

Im Zauberwesen galt das Aconitum Camarum ebenfalls als ein Hexenmittel und wurde zu den Hexensalben verwendet, worin es wohl seiner narkotischen Eigenschaften halber erregend und Visionen erzeugend wirkte.

Es war aber angeblich nur dann wirksam, wenn es an bestimmten Tagen gesammelt wurde.

Eisenkraut, 33.

im Volksmunde auch „Eisenhart" benannt, in der Botanik als „Verbena officinalis" gekannt, steht dieses Gewächs heute noch bei vielen Völkern als Zauberpflanze in hohem Ansehen.

Das Eisenkraut gehört zur Gattung der Lippenblüthler und hat einen steil absteigenden, hin und her gebogenen Wurzelstock. Der Stengel wird bis 40 Centimeter hoch und verzweigt sich nach oben; er ist vierkantig, mit kurzen anliegenden Haaren. Die Blätter sind schärflich und stumpf gesägt. Die kleinen Blüthen weiss mit violetten Enden, der Zipfel oft auch mit röthlicher Färbung.

Das geruchlose, etwas bitter und zusammenziehend schmeckende Kraut stand in der Medicin in hohem Ansehen und war fast als ein Universalmittel gepriesen, heute ist es nicht mehr officinell.

Den Namen „Eisenkraut" oder „Eisenhart" hat die Pflanze von der angeblichen Eigenschaft erhalten, Eisen zu Stahl zu härten, wenn man ersteres mit dem Safte behandelt.

Bei den alten Germanen war sie bei Kriegs- und Friedensschlüssen ein Talisman.

Die Magie verlangt, dass das Eisenkraut, wenn es zauberische Wirkungen hervorbringen soll, am Charfreitag oder am St. Peter und Paulstage mit silbernem oder goldenem Griffel ausgegraben werde.

Dem Eisenkraute werden magisch-heilsame Wirkungen bei Kopfleiden zugeschrieben, wenn es unter besagten Vorsichtsmassregeln eingeholt und unter dem Kopfpolster im Bette verwahrt wird. Oder auch soll man die Pflanze säen, d.h. im Topfe aus dem Samen ziehen und mit dem Kopfschweisse des betreffenden Kranken begiessen. Sobald die Pflanze verblüht ist, verschwindet auch das Kopfleiden. Gegen Epilepsie wird heute noch folgendes Mittel als magisch wirksam befunden:

"Man grabe Eisenkraut mit der Blume aus, wenn die Sonne im Widder oder der Jungfrau steht, dörre es und mache ein Pulver daraus. Hierauf wird es mit dem vierten Theil seines Gewichtes Zucker gemischt und alle Morgen und Abend ein Vierteljahr lang eine Haselnuss gross davon eingenommen. Doch muss dies Einnehmen mit dem eigenen Wasser des Kranken geschehen."

Auch als Amulet am Halse getragen, soll die zerstossene Wurzel des Eisenkrautes, wenn unter den geeigneten Planetenconstellationen gegraben, den Kopfschmerz heilen.

Unter dem Kopfkissen erweckt es auch Träume.

Engelwurzel. 34.

Diese mit der „Angelica officinalis" identische Pflanze kommt auch unter der Bezeichnung „heilige Geistwurzel, Erzengelwurzel, Theriakwurzel, Brust-, Zahn-, Luftwurzel" vor und ist ein beliebter Bestandtheil von Universalmedicinen. Sie stellt ein stattliches Gewächs vor, das bis zur Mannsgrösse emporwächst. Der Wurzelstock der Angelica ist geringelt, ästig mit zahlreichen dicken Fasern, aussen hellbraun, innen weiss und beim Anbrechen eine weisse Milch gebend. Die Wurzel selbst wird über einen Fuss lang. Die dreifach fiedertheiligen Blätter haben elliptische, zugespitzte und gesägte Abschnitte. Die oberen Blätter haben aufgeblasene bauchige Scheiden. Die Blüthen haben einen fünfzahnigen Kelchrand von grünlichweisser Färbung und starke, weichhaarige Dolden.

Die Wurzel der Angelica soll im Frühling des zweiten Jahres gesammelt werden, da sie zu diesem Zeitpunkte in voller Kraft steht. Sie ist im Geruche durchdringend, gewürzig, dem Fenchel ähnlich.

Heute gilt die Angelicawurzel durch eine günstige Mischung eines in ihr enthaltenen Balsames, ätherischen Oeles und bitteren Extractivstoffes als kräftigend, flüchtig erregend und auf die Absonderungen befördernd einwirkend.

In der Magie wurde sie unter dem Namen „Angelica archangelica" als ein Mittel gebraucht, durch welches böse Geister vertrieben werden sollten. Die dieser Pflanze zu theil gewordenen eigenen Kräfte sind ihr angeblich durch Segnungen der Erzengel verliehen worden, daher auch der Name „Engelwurz".

Erle. 35.

Dieser Baum, auch „Eller" genannt, botanisch als „Alnus glutinosa" bezeichnet, wird bis 60 Fuss hoch und hat schmutzig röthlich getüpfelte junge Aestchen mit fast runden, ungleich gesägten, kahlen, in der Jugend sehr klebrigen Blättern.

Die bitter schmeckende und adstringirend wirkende Rinde der Erlen war früher officinell, heute sind die Blätter noch ein beliebtes Hausmittel zur Herstellung der Hautausdünstung.

Im Zauberglauben wird ein in Wein hergestellter Decoct der Innenrinde als Heilmittel gegen die durch Zaubertränke verursachten Schäden gepriesen.

Der auf den Blättern zuweilen zu findende Honigthau ist ein beliebtes Zaubermittel zur Unfruchtbarmachung.

Farnkraut. 36.

Das Farnkraut in allen seinen Arten gilt, wie bereits in der Einleitung dieses Buches erwähnt, als ein Hauptzauberkraut.

Wir wollen an dieser Stelle nicht alle Farnkrautarten besprechen, sondern nur im Allgemeinen die Gattung der „Aspidium" beschreiben und der wichtigsten magischen Verwendungen gedenken, da man über den Gebrauch des Farnkrautes im Zauberwesen ein besonderes Büchlein zu schreiben vermöchte.

Bei uns ist in der Regel der „gemeine Waldfarn", botanisch „Nephrodrium filix mas", gemeint.

Wenn man den Strunk dieser Pflanze im Frühjahre, bevor sie noch die ersten eingerollten Wedeln entwickelt hat, dazu benützt, um aus dessen breiterem Ende eine Menschenhand zu schneiden, so erhält man dadurch die im Mittelalter so berühmt gewesenen „Johannis- oder Glückshändchen".

Wer solch' ein Johannishändchen besitzt, der ist nach dem Zauberglauben gegen alles Unglück geschützt. Diese Hand bringt ihm in allen seinen Unternehmungen Segen und Glück und erweist sich vorzüglich bei Bereitung der Alles treffenden Freikugeln als äusserst wirksam.

Das Farnkraut ist ferner ein Gewächs, welches nach Angabe der heiligen Hildegard vom Teufel und seinem ganzen höllischen Anhange ganz besonders gefürchtet wird, so dass dieser Höllenfürst es durchaus nicht wagt, in der Nähe der Orte, an welchen sich Farnkräuter befinden, sein Unwesen zu treiben. Blitz und Donner sowie Hagelschlag meiden ebenfalls die Nähe des Farnkrautes, so dass diese Pflanze in diesem Sinne auch als Wetterschutz in Ansehen stand.

Nach Anschauung des Volkes blüht und treibt das Farnkraut nur in der Nacht des Johannis oder zur Zeit von Christi Geburt Samen; Blüthe sowohl als Samen verschwinden aber noch in denselben Nächten. Um solche Farnblüthen und Samen zu sammeln, muss man sich in den erwähnten Zeiten ganz nackt dorthin begeben, wo eine Farnpflanze auf einem Kreuzwege steht, dann kann man die erwähnten Theile mit Gefahr des Leibes und der Seele sammeln.

Solcher Farnkrautsamen hat aber auch ganz besonders segenbringende Kräfte. Dessen Besitzer kann leicht Krystalle finden und sogenannte Erdspiegel, in welchen man Alles sieht, was in und auf der Erde vorgeht, machen. Dieser Samen befähigt ferner zur Auffindung von Schätzen, macht unsichtbar und bringt Glück im Spiele, sowie Frauengunst.

Fetthenne. 37.

Botanisch „Sedum Telephium" geheissen, ist die Fetthenne eine sehr häufige Pflanze der Gattung der „Crassulaceen", d.h. dickblätterigen Pflanzen. Sie heisst im Volksmunde auch „Schmeerwurzel, Bohnenblatt und Donnerbart". Sie hat knollige Wurzeln, einen aufrechten bis 1/2 Meter hohen Stengel, längliche eiförmige Blätter mit stumpfen Zähnen und zwischenstehenden Buchten. Ihr

Blüthenstand ist gewölbt, traubig entwickelt, wickelig mit weisslichen, gelblichen oder röthlichen Blüthenblättern. Sie war vor Zeiten officinell und galt als kühlendes, schmerzstillendes, reinigendes und wundheilendes Mittel.

Der Zauberglaube mass dieser Pflanze in Bezug auf Vorhersagungen eine bedeutende Rolle bei.

Heute noch werden in den Gebirgsländern Stengel der Pflanze in den Häusern in die Ritzen und Spalten der Holzpfosten gesteckt und aus der Dauer der erbleichenden Sprossen auf die Lebensdauer der einzelnen Besitzer geschlossen.

Auch in Bezug auf das Eheleben der betreffenden Personen wird der Fetthenne ein prophetischer Zauber zugeschrieben, indem die Drehungen, welche die Pflanze dem Lichte zu macht, zu Schlüssen auf die zukünftigen ehelichen Erlebnisse der noch unverheiratheten oder neuvermählten Leute benützt werden.

Galium verum. 38.

Eine nicht bestimmt identificirbare Pflanze, welche ebenfalls zu wahrsagendem Zauber verwendet wurde.

Galläpfel, 39.

oder „Knoppern", das sind Auswüchse von Kugelform und gelblichbrauner Farbe, welche durch Stiche einiger Insecten aus der Gattung „Cynips" in verschiedenen Theilen der Eiche entstehen und wegen ihres Gehaltes an Gerbstoffen zu Färbereizwecken benützt werden, sind im Zauberglauben als Schutzmittel gegen Feuer und gegen Blitzschläge beliebt und werden zu diesem magischen Zwecke in Bauernhäusern an den Küchenbalken aufgehangen.

Geerkraut, 40.

auch „Modelgeer" genannt, eine zur Gattung der Gentianeen gehörende, unter dem botanischen Namen „Gentiana cruciata" bekannte Bergpflanze mit ausdauerndem Wurzelstock und tief himmelblauen Blüthen. Sie hat einen sehr langen Wurzelstock und sehr starknervige ovale Blätter. Diese Pflanze besitzt einen eigenthümlichen Bitterstoff, der als Magenmittel gilt und in den Gebirgsländern zur Herstellung eines sehr gesuchten Branntweines, des sogenannten „Enzianers", verwendet wird.

Das Geerkraut ist officinell und wird in der modernen Pharmakopoe gegen atonische Verdauungsschwäche, Wurmbeschwerden, Wechselfieber usw. gegeben.

Im Zauberwesen galt dies Kraut als magisch heilsames Mittel gegen Krankheiten des Borstenviehes, aus diesem Grunde wurde die Wurzel des Modelgeers unter bestimmten Beschwörungsformeln unter den Frass der Schweine gemischt, wenn eine Seuche im Anzuge war.

In der Steiermark wird noch gegenwärtig in Schweineställen oft ein Fläschchen mit geschnittener Enzianwurzel und Fenchelgries aufgehängt, weil nach Ansicht der Landbevölkerung der böse Feind, der die Seuche verursacht, zuerst das Fläschchen untersucht und bevor er die vielen kleinen Samenkörnlein zählt, lieber davongeht und anderweitig Unheil verübt.

Gelatophyllis. 41.

Eine Pflanze, deren Identität mit einer der gegenwärtig bekannten Pflanze nicht herzustellen ist. Sie soll angeblich nach Demokritos in Bactrien und am Boristhenes gewachsen sein und soll, mit Wein und Myrrhe getrunken, Visionen erregt haben.

Als hauptsächlichste durch sie hervorgebrachte Wirkung galt aber eine ungezügelte Heiterkeit, welche erst dann zu einem Ende kam, wenn die betreffende Person Fichtenkerne mit Pfeffer und Honig in Palmwein destillirt getrunken hatte.

Im mittelalterlichen Zauberglauben galt sie als Traummittel und wurde zur Erzeugung wahrsagender Träume genossen.

Gemswurz. 42.

Eine zur Gattung der Compositen gehörige, unter dem botanischen Namen „Doronicum Pardalianches" officinelle Pflanze mit zahlreichen unterirdischen Wurzelranken und einem bis 3/4 Meter hohen Stengel. Sie hat eirunde, gezähnelte, behaarte Blätter und citronengelbe Blüthen. Ihre Wurzel schmeckt süsslich aromatisch und galt als ein giftwidriges Mittel. Anderseits steht sie im Geruche grosser Giftigkeit, wofür schon der Name „Pardalianches", d.h. „Leopardenwürger" spricht.

Thatsächlich besitzt sie ähnliche Heilkräfte wie die Arnica, doch im geringeren Grade.

In der Magie wird sie als Schutzmittel gegen Bezauberung und Verhexung gepriesen, wenn man mit dem Wurzelabsud getränkte Läppchen in Jungfernleder gewickelt als Amulet bei sich trägt oder unter einer Thürschwelle vergräbt.

Ginseng, 43.

d.h. „lebender Mensch", eine in China vorkommende, botanisch „Panax quinquefolium" geheissene Pflanze. Sie gehört der Gattung der Araliaceen an und wird vulgär „Kraftwurz" genannt.

Sie hat eine möhrenartige Wurzel von ungleicher Dicke, die mehr oder minder ästig, geringelt und gelblich weiss ist und in ihrer Gestalt mitunter an die menschliche Form erinnert, daher auch die chinesische Bezeichnung Gin-seng. Der Stengel ist einfach aufrecht bis 60 Centimeter hoch, stielrund, kahl und an der Spitze flaumig.

Die Blätter sind am Ende desselben zu 3-4 viertelig gestellt und auf mässig langen, stielrunden, oberseits tief gefurchten, am Grunde aufgetriebenen, kahlen oder mit zerstreuten Haaren besetzten Stielen aufsitzend. Der Blüthenstiel, als welcher die Fortsetzung des Stengels angesehen werden kann, ist fast so lang als die Blattstiele, meistens dreispaltig und endigt jeder Trieb in eine 15-30blüthige rundliche, einfache Dolde. Die Beere ist kugelig, undeutlich dreilappig oder nierenförmig zweilappig, scharlachroth und glattglänzend.

Diesem Kraute geht in China ein bedeutender Ruf als Universalmittel in fast allen Krankheiten voraus. Die Wurzel wird durch Abbrühen fast durchsichtig und wegen ihrer Theuerkeit den reichen Chinesen, selbst wenn sie bereits im Sterben liegen, noch verschrieben. Die Blätter finden als Thee Verwendung.

Im Zauberglauben gilt die Ginsengwurzel oder deren Absud als Lebenselixir, welches das Leben ins Unendliche zu verlängern vermag. Sie wird in China als „Königin der Kräuter", als Unsterblichkeitsmittel und Schutzmittel gegen jedweden Einfluss böser Geister mit Gold aufgewogen.

Jeder reichere Chinese führt deshalb in einer elfenbeinernen Büchse ein Stückchen Ginseng als Talisman bei sich. Werden besonders schön ausgebildete menschenähnliche Wurzelknollen aufgefunden, so müssen selbe dem

Kaiser von China als Tribut geliefert werden, und vertheilt sie dieser wieder als besondere Gunstbezeigung an hochstehende Personen.

Ginster, 44.

auch „Pfriemenkraut, Besenkraut", sowie „Hasen- oder Rehheide" genannt, ist unter dem botanischen Namen „Spartium scoparium" ein der Gattung der Schmetterlingsblüthler angehöriges Gewächs. Der Ginster ist ein circa 2 Meter hoher baumartiger Strauch mit ziemlich dickem Stamme oder dünnen, runden einander entgegengesetzten, binsenähnlichen Zweigen, die sehr sparsam mit kleinen lanzettförmigen Blättern und an deren Ende mit schönen gelben Blumen besetzt sind.

Blüthen und Samen enthalten einen widerlich bitterlichen Saft, waren früher officinell und sind gegenwärtig nur mehr als stark harntreibendes, abführendes und brechen- erregendes Mittel der Volksmedicin im Gebrauche.

Im Zauberglauben heisst es vom Ginster: „Wer durch Verzauberung mit Sprüchen krank geworden ist, der muss durch einen umgekehrten Ginsterbesen von oben herab sein Wasser lassen, so wird er gesund."

Goldwurzel. 45.

Dieses auch unter dem botanischen Namen „Asphodelus" bekannte Gewächs wird zu den Liliaceen gerechnet, treibt einen nackten Stengel und besitzt schwertförmige, gekielte, glatte Blätter. Die Blüthe ist sternförmig und weiss.

Sie wurde vielfach als Geisterbeschwörungsmittel, und zwar besonders bei Räucherungen, gebraucht.

Heute wird die stärkemehlhältige Wurzel dieser Pflanze noch mitunter als Specificum gegen Krätze angewendet.

Gundelrebe. 46.

Unter dem Namen „Hederich oder Gundermann" im Volksmunde, als „Glechoma hederaca" in der Botanik bekannt, gehört diese Pflanze zur Gattung der Lippenblüther.

Sie bildet meist grosse Rasen, indem die abgeblühten sowie die unfruchtbaren Stengel derselben sich niederlegen und Wurzel fassen. Die Gundelrebe hat vierkantige Stengel, welche theils behaart, theils kahl sind. Die Blätter sind gestielt und fast von kreisförmiger Gestalt mit herzförmigem Grunde. Der Blattrand ist grob gesägt. Die Blüthen stehen nach oben in den Achseln der Blätter. Deren Farbe ist schmutzig himmelblau; die Lippen haben eine violettweisse Zeichnung und einige Papillenbüschel.

Der Hederich hat einen balsamischen Geruch und Geschmack, und ist als Hausmittel bei Krankheiten der Schleimhäute gebräuchlich. Die Magie schätzt die Gundelrebe als magisch heilkräftiges und zauberschützendes Mittel. Wenn man in der Walpurgisnacht einen Kranz, der aus den Stämmchen der Gundelrebe geflochten ist, auf dem Haupte trägt, so erhält man die Gabe, Hexen zu erkennen.

Habichtskraut. 47.

Das gemeine Habichtskraut, auch „Mäuseöhrchen" genannt, in der Botanik unter dem Namen „Hieracium Pilosella" gekannt, gehört der Gattung der Vereinsblüthler an. Dasselbe hat einen dicklichen, wagrechten Wurzelstock, der viele beblätterte filzige und zottige Ausläufer nach allen Seiten treibt und rauhaarige, unten graufilzige, verkehrt eirunde Blätter trägt. Die Blüthen sind schwefelgelb, theils rothgestreift.

Blätter und Blüthen waren vor Jahren officinell, sie

schmecken etwas bitter und zusammenziehend und hatten gegen Diarrhöen, Blutflüsse sowie Wechselfieber Verwendung.

Das Habichtskraut gilt in der Magie als Mittel, um die Sehkraft der Augen zu schärfen, so dass man Alles erkennt, was auf Meilen in der Runde befindlich ist. Einer griechischen Sage zufolge soll der Habicht mit dem Safte dieser Pflanze seine Augen stärken.

Hagedorn, 48.

auch „Albaspina, Heckdorn, Mehlbeere oder Müllerbrot" geheissen, gehört unter dem Namen „Crataegus oxycantha" der Gattung der Pomaceen an. Er ist ein dorniger Strauch oder Baum mit verkehrt eiförmigen, fiederlappigen oder fiederspaltigen Blättern und hat kleine weisse Blüthen in aufrechten Doldentrauben. Die Früchte sind kleine, länglich kugelige rothe Beeren, welche ein süssliches, mehliges und wohlschmeckendes Fleisch besitzen. Die Pflanze ist nicht officinell und wird als Hausmittel gegen Diarrhoen usw. verwendet.

Die Magie macht von derselben als Wetterpflanze Gebrauch, indem Aeste des Hagedorns hinter den Herd oder an die Küchenbalken gesteckt, das Haus gegen Blitzschlag schützen sollen.

Halicaccabi. 49.

Ein nicht mehr identificirbares Kraut, welches im Alterthume in ähnlicher Weise wie der Lorbeer zu Weissagezwecken gebraucht wurde.

Hanf. 50.

Ein botanisch unter dem Namen „Cannabis sativa" der

Gattung der Cannabineen eingereihtes einjähriges, aufrecht stehendes, rauh-kurzhaariges Kraut, das bis zu 2 Meter hoch wird, einen ästigen Stengel und langgestielte, 5-6 fach gefingerte, gesägte Blätter hat. Die männlichen Blüthen stehen in unterwärts belaubten Rispen, während die weiblichen Blüthen in laubigen Blüthenständen vorkommen. Für die Magie ist besonders die Gattung „Cannabis indica", indischer Hanf, bemerkenswerth, weil derselbe ein gelbgrünes Harz, den sogenannten ,,Tschers, Churus oder Charras" enthält, der als Bestandtheil des Hachich - eines betäubend erregend wirkenden, dabei schlaferzeugenden Präparates - vielfach verwendet wird.

Hauhechel. 51.

Diese, auch als „Ochsenbrech, Harnkraut, Weiberkrieg, Stachelkraut und Hechelkraut" im Volke bekannte, botanisch als „Ononis spinosa" in die Gattung der Schmetterlingsblüthler eingereihte Pflanze ist mit ausdauerndem Wurzelstocke versehen und besitzt einen circa 30 Centimeter hohen, aufrechten, ein- bis zweireihig zottigen Stengel. Die Blätter stehen dreifach und auch einzeln. Die einzeln an den Stengeln sitzenden Blüthen sind röthlich und weiss. Die Wurzel ist ungefähr fingerdick, rund ,stark klebrig, aussen dunkelbraun und innen weisslich gefärbt. Sie hat einen anfänglich süsslichen, dann bitterlich nachkommenden eklig-schleimigen Geschmack.

Als Harntreibemittel officinell wird sie sonst noch als Getränk bei Wassersucht gereicht.

Im Zauberwesen wird die Hauhechel als magisches Schutzmittel gegen Verwundungen durch Eisen geschätzt, wenn die getrocknete Wurzel als Amulet am Leibe getragen wird. Sie darf aber nur dann gesammelt werden, wenn der Einfluss des Mars dominirt.

Hedera helix. 52.

Diese unter dem Namen „Epheu" wohlbekannte Pflanze gehört der Gattung der Araliaceen an und ist ein kriechender oder durch zahlreiche Luftwurzeln kletternder, immergrüner Strauch, dessen Stamm bei grösserem Alter der Pflanze sogar baumartig werden kann. Die gestielten, glänzenden, drei- oder fünflappigen Blätter, von dunklem Grün mit sichtbarem Geäder durchzogen, sind lederartig. Die Blüthen des Epheu sind grünlich-gelbe, kleine Dolden mit fünf Blumenblättern. Die gereifte Frucht ist eine kugelige, schwarze Beere.

Ehemals waren Blätter und Früchte, sowie das Holz officinell, heute gebraucht man nur noch die Blätter bei schlaffen Geschwürbildungen. Das aus Einschnitten im Stamme herausquellende Harz wird bei Blennorrhoen, sowie zur Beförderung der Menstruation als Hausmittel verwendet. Die Beeren sollen schweisstreibend sein.

Die Magie benutzt den Epheu als Mittel gegen die Verzauberung besonders der Kinder, wenn selbe einen Kranz aus Epheulaub bei sich tragen.

Die Beeren des Epheu werden als nekromantisches Mittel zu Räucherungen bei Geisterbeschwörungen verwendet.

Herrgottskraut, 53.

auch „Schöllwurz, Goldwurz, Schwalbenkraut, Gilbkraut oder Schöllkraut" geheissen, ist unter dem botanischen Namen „Chelidonium majus" ein der Gattung der Papaverineen einverleibtes Gewächs. Es hat eine starke, faserige Wurzel, welche, wie die ganze Pflanze selbst, von einem dunkelgelben Milchsaft erfüllt ist. Der Stengel ist aufrecht gabelästig, theilweise zottig behaart und mit angeschwollenen Gelenken versehen. Er trägt fiederschnittige, oben trübgrüne, unterhalb meergrüne Blätter und Blüthen, die in langgestielten, armstrahligen Dolden stehen.

Der Geruch des Krautes und seiner Wurzel ist im frischen Zustande ein sehr widriger, der Geschmack ein scharf-bitterer. Der Milchsaft enthält einen röthlich-gelben, narkotischen, sowie einen azothhältigen Extractivstoff, endlich ein grünes Weichharz.

In der Volksmedicin gilt das Schöllkraut als Mittel, die Absonderung der Unterleibsorgane anzuregen, Aufsaugungen zu begünstigen und Hautausdünstung sowie Harnabsonderung zu vermehren.

Man giebt es deshalb bei Gelbsucht, Wassersucht und Wechselfieber.

Im Zauberglauben gilt es als ein magisch augenstärkendes Mittel, wenn mit dessen Milchsaft die Augendeckel unter gewissen Beschwörungsformeln betupft werden. Der Milchsaft des Chelidonium ist übrigens auch mehrfach als Bestandtheil der Hexensalben genannt.

Hexenei, 54.

auch „Gichtschwamm" geheissen, botanisch als „Phallus impudicus" bezeichnet, gehört zur Gattung der Haarflechtpilze. Er ist weiss, und sieht, so lange er jung ist, wie ein Hühnerei aus. Wenn die Hülle berstet, was in der Regel mit lautem Knall geschieht, entwickelt sich der fingerlange und daumendicke Strunk sehr rasch und verbreitet einen äusserst unangenehmen Geruch, der an Leichen erinnert. Die Oberfläche des mit vielen eingedrückten Punkten versehenen, sehr runzeligen Hutes verändert sich bald, indem sich daraus ein wässeriger Schleim entwickelt, der zur Erde herabträufelt, so lange, bis der Hut ganz weiss aussieht.

Der Gichtschwamm wurde im Mittelalter als Gichtmittel geschätzt.

Die Zauberei bediente sich des Hexeneis vorzüglich zu Liebesmitteln, theils um Liebe zu erzeugen, theils um die Folgen ungesetzmässiger Liebe zu beseitigen.

Hundszahn. 55.

Diese, auch „Zahnlilie", botanisch „Erythronium dens canis" genannte, den Liliengewächsen angehörige Pflanze, mit zwiebelförmigen Knollen, welche den Hundezähnen täuschend ähnlich sehen, wird ihrer Schleimigkeit und Nahrhaftigkeit wegen in Sibirien als Nahrungsmittel verwendet.

Die Magie erwähnt der Wurzelknolle dieser Pflanze als eines gesuchten Aphrodisiacums zur Bereitung von Liebestränken. Bei mehreren Völkern des Altai-Gebietes, z. B. den Sojoten, werden die kleinen hundezahnartigen Wurzeln an Schnüre gereiht und um den Hals als Collier getragen, als wunder- und zaubermächtiges Amulet geschätzt.

Unter bestimmten Beschwörungen abgetheilt, und dem gegengeschlechtlichen Wesen, dessen Neigung man erwerben will, um den Hals gehangen, soll es unbedingt Liebe erwecken.

Die Kinder schützt es gegen Bezauberung.

Johanniskraut, 56.

auch „Hartheu, Johannisblut, Hexenkraut, Konradskraut" genannt, ist das botanische „Hypericum perforatum", welches der Gattung der Hypericineen angehört. Es besitzt einen aufrechten, zweischneidigen, nach oben ästigen Stengel, länglich eiförmige, durchsichtig punktirte Blätter und doldentraubige gelbe Blüthen.

Reibt man das Kraut zwischen den Fingern, so verbreitet es einen aromatisch harzigen Geruch und färbt die Fingerspitzen röthlich. Es schmeckt balsamisch bitterlich, schwach adstringirend. Vor Zeiten galt es als ein stärkendes, fieberwidriges, wurm- und harntreibendes Mittel, welches in der Volksmedicin gegen Gicht, Durchfälle, Wassersucht, Blutungen, Wunden und Quetschungen in Verwendung genommen wurde.

In Bezug auf das Zauberwesen ist das Johanniskraut ein äusserst wichtiges Gewächs. Es dürfte seine hohe magische Bedeutung dem Umstande zu verdanken haben, dass es bei der Kreuzigung Christi unter dem Kreuze hervorgewachsen sein soll, und erinnert es durch seine fünf Farben und seinen rothen Saft an die Wunden Christi.

Das Johanniskraut gilt in der Magie nicht nur als Wetterkraut, sondern auch als zauberlösend. Im ersteren Sinne wurde es blühend zur Johanniszeit gesammelt und in den Häusern meist zwischen den Eisenstäben der Fenstergitter oder Gitterthore eingeflochten. Dadurch sollte es Haus und Hof vor Blitzschlag hüten.

Das Johanniskraut wird auch „Fuga daemonum" geheissen, weil es alle bösen Geister vertreibt und Teufelsbündnisse löst. Darum wurden auch den Hexen, ehe sie auf die Folterbank gespannt wurden, Johanniskrauttropfen eingeflösst, da diese das dem Teufel gemachte Gelöbniss unhaltbar und die Hexen zu Bekenntnissen veranlassen sollten. Die Schatzgräber konnten nur dann einen Erfolg bei ihren geheimnissvollen Arbeiten erwarten, wenn sie

Johanniskraut bei sich führten, weil dadurch die Dämone, welche die Schätze bewachen, zur Flucht genöthigt werden sollten.

Die punktirte Zeichnung der Blätter, welche durch die Drüsen derselben veranlasst ist, gab Anlass zu dem Glauben, dass der Teufel nächtlicher Weile die Blätter mit Nadeln zersteche, um für den Menschen die Wunderkräfte dieser Pflanze zunichte zu machen.

Wenn man am Johannistage aus Hartheu Kränze macht, dieselben unter Segenssprüchen auf die Hausdächer wirft, so sind die betreffenden Häuser für das Jahr gegen Blitzschlag, Feuersnoth und den Einfluss böser Dämonen geschützt.

In Oberfranken befindet sich – der Sage nach – auf dem alten Schlosse von Saalenstein eine Johannispflanze, welche im Jahre einmal um 1 Uhr Mittags blüht. Wem es gelingt, diese Blüthe zu finden und die Pflanze mit der Wurzel auszureissen, dem wird angeblich grosses Glück zu Theil, und kann derselbe verborgene Schätze ohne Beschwerden heben.

Jungfernhaar. 57.

Ein unter dem Namen „Krullfarn" oder „Frauenhaar", sowie „Widertan" im Volke bekanntes Gewächs, ist das botanische „Adiantum capillis veneris", welches der Gattung der Polypodiaceen angehört.

Es hat kahle, mit dünnen, glänzenden, bräunlichschwarzen Stielen versehene Blätter, ist doppelt gefiedert, verkehrt eirund und lappig eingeschnitten.

Es dient zur Bereitung eines angenehm schmeckenden Syrups, des bekannten „Frauenhaarsyrups", und wird ferner als Thee benützt, welcher bei Kehlkopf-, Brust- und

Lungenleiden gut sein soll.

Das Jungfernhaar wurde in der Zauberei von alten Weibern als Aphrodisiacum, d.h. Liebe erweckendes Mittel benützt. Es wurde zu diesem Zwecke mit wirklichen Haaren der betreffenden liebeheischenden Frau gebunden, unter besonderen Beschwörungen ein Absud davon gemacht, welcher dem Manne, der in Liebe entbrennen sollte, eingegeben werden musste.

Kamille. 58.-

Diese, botanisch „Matricaria Chamomilla vulgaris" genannt und der Gattung der Kornblüthler angehörend, ist ein wohlbekanntes Kräutlein. Dasselbe ist meist einjährig, kann aber auch mehrjährig oder ausdauernd sein. Die dünne Wurzel der Kamille ist spindelförmig faserig, der Stengel meist etwas eckig und nach oben doldenförmig traubig verzweigt. Die Blätter sind mehrfach fiedertheilig, mit borstenförmigen, sehr schmalen Abtheilungen. Die Blüthenköpfe stehen meist einzeln und haben weisse Randblüthen und gelbe Scheibenblüten.

Die Blüten der echten Kamille enthalten sehr geringe Spuren des ausserordentlich kostbaren blauen Kamillenöles, ausserdem einen Bitterstoff, Gummi, Harz und mehrere Salze.

Der Gebrauch der Kamille als Hausmittel bei kolikartigen krampfhaften Zuständen, bei atonischer Bleichsucht usw. ist bekannt. Die Kamille ist officinell.

Die Magie sagt über die Kamille, dass sie dann am wirksamsten ist, wenn sie am Johannistage gepflückt wird. Ihre Heilkraft soll so gross sein, dass es genügt, wenn man sie neben eine kranke Pflanze hinsetzt, wodurch dieser neue Lebenskraft zutheil wird.

Sie ist besonders für Frauen von hohem Werthe, so dass es heisst: „Ein jedes Frauenzimmer soll vor einer am Wege stehenden Kamille einen Knix machen.”

Knoblauch. 59.

Diese als „Gartenlauch”, botanisch „Allium sativum” bekannte Pflanze gehört zur Gattung der Liliengewächse. Sie hat eine von röthlich weissen Hüllblättern umgebene Zwiebel, welche aus mehreren Theilen besteht. Der bis zu einem halben Meter hohe Stengel trägt bis zur Mitte flache, breitlinealige, zugespitzte Blätter und an der Spitze eine von einer einblättrigen sehr langgeschnäbelten haubenförmigen Blüthenscheide umhüllte Dolde mit kleinen röthlich-weissen Blüthen und Zwiebelchen.

Der Knoblauch ist als Speise und Speisenwürze bekannt und als Bandwurmmittel officinell.

Im Zauberwesen spielt der Knoblauch auch als Schutzmittel gegen Verzauberung und Behexung, sowie gegen die durch das böse Auge verursachten Schäden eine bedeutende Rolle. Kindern wurde er als Schutz gegen das „Mal occhio” als Amulet eingebunden, Schiffer und Fischer tragen ihn in kleinen Säckchen bei sich.

Theophrastus Paracelsus schätzt die magischen Wirkungen des Knoblauchs sehr hoch und benützte diese Pflanze als vorzügliches magisches Heilmittel in vielen Krankheiten.

Knoblauch gilt auch als Vorbeugungsmittel gegen ansteckende Krankheiten, wenn er als Talisman bei sich getragen wird.

Die Gewohnheit vieler Orientalen, so der Israeliten, viel rohen Knoblauch zu verzehren, soll aus der Zeit stammen, als dieselben im Oriente in Knechtschaft waren und sich gegen Krankheiten schützen wollten.

Köningskerze. 60.

Eine im Volksmunde auch als „Himmelbrand, Wollkraut, Himmelskerze", oder „Fackelkraut" sehr bekannte, botanisch als „Verbascum Tapsus" in die Gattung der Braunwurzgewächse eingetheilte Pflanze, welche sich sonderlich an trockenen sonnigen und steinigen Stellen vorfindet. Sie ist hochstengelig, mit lanzettförmig gesägten Blättern versehen und besitzt schön gelbe Blüthen, die an der obersten Stelle des Stengels auf kurzen Stielen *auf*sitzen. Die Blüthen sind feinblättrig, mit fünf orangegelben Staubfäden. Das ganze Kraut ist wollig bewachsen, daher auch der Name „Wollkraut".

Officinell sind Blätter und Blüthen gebräuchlich, die schleimig-bitterlich sowie schwach zusammenziehend schmecken, im frischen Zustande etwas unangenehm, trocken aber angenehm riechen. Die Volksmedicin bedient sich des sogenannten Himmelbrandthees seiner gelinde schweisstreibenden Kraft halber bei vielen entzündlichen und fieberhaften Krankheiten.

In der Magie heisst es, dass die Königskerze den Lungenkranken hilft, wenn sie im August gesammelt und beim Vollmonde dieses Monats in der Hand gehalten wird.

Krautwisch. 61.

Als „Krautwisch" oder „Krautbusch" bezeichnet die Zauberkunde Büschel von gemischten Pflanzentheilen, welche als Wetterschutzmittel in Gebrauch gekommen sind. Ein echter Krautwisch muss 7, 9 oder gar 77 verschiedene Kräuter enthalten, wenn er magisch wirksam sein soll. Bei all' diesen Buschen darf die Königskerze nicht fehlen. Die zu Büscheln gebundenen Kräuter, Blumen und Zweige werden nach der kirchlichen Weihe gegen das Behexen des Viehes in die Ställe gebracht und darin aufgehängt. Gegen Wetterschaden bringt man sie unter dem Dachstuhle oder auch zwischen den Getäfelbalken an.

Kreuzkraut, 62.

auch „Goldkraut" oder „Grindkraut" geheissen, botanisch „Senecio vulgaris" genannt und der Gattung der Compositen angehörig, ist ein sehr gemeines Kräutlein, welches fast das ganze Jahr blüht, ein ästiger Strauch wird, oben dunkelgrüne, unten schneeweisse filzige Blätter hat und gelbe Blüthen besitzt.

Dasselbe war schon in alten Zeiten als ein erweichendes, zertheilendes und eiterungfördemdes Mittel bekannt, auch gegen Koliken, Wurmbeschwerden und mestruationsbefördemd in der Volksmedicin officinell.

In der Zauberei ist es als sehr wirksam gegen Behexung und Verzauberung gepriesen. Es wurde unter den Schwellen der Hauseingänge vergraben oder auch als Amulet besonders von kleinen Kindern am Leibe getragen.

Latace. 63.

Eine Pflanze, deren Identität heute nicht mehr sicher nachzuweisen ist und welche in der Magie als zauberschützendes Mittel im Gebrauche war.

Lilie. 64.

Die in der Magie gebräuchliche Lilie ist die „Lilium Martagon", welche als „gelbwurzelige" oder „Goldlilie" bekannt ist. Sie gehört der Gattung der Liliaceen an, hat eine eiförmige Wurzel mit lockeren, blassgoldgelben Schuppen. Der circa 1/2 Meter hohe Stengel trägt lanzettförmige, hellgrüne Blätter, welche unten dichter, oben lockerer und kleiner sind. An der Spitze des Stengels stehen die bekannten glockenförmigen grossen Blüthen von ausgezeichnetem Wohlgeruche.

Officinell ist die Wurzelzwiebel wegen eines schleimigen, bitter-scharfen Saftes, welcher gegen Wechselfieber und als harntreibendes Mittel empfohlen wurde.

In der Magie gilt der Wurzelknollen, ähnlich wie die Wurzel der später zu besprechenden Siegwurz, als ein Schutzmittel gegen Verwundung, Zauberei und Geisterspuk.

Linde. 65.

Dieser schöne, beliebte Baum, unter dem botanischen Namen „Tilia Europaea" in die Gattung der Tiliaceen aufgenommen, ist durch ganz Europa verbreitet und, wie wir schon in der Einleitung gehört haben, als ein unter dem besonderen Schutze der Götter stehendes Gewächs bezeichnet. Er stellt einen stattlichen Baum mit geschlossener, dichter Blätterkrone dar. Die mässig grossen Blätter sind runzelig, schief herzförmig zugespitzt und gesägt und von schönem, sattem Grün.

Die Blüthen von blass citronengelber Farbe und ausgezeichnetem Wohlgeruche sind officinell und als Lindenblüthenthee ihrer schweisstreibenden, schwach reizenden und krampfstillenden Eigenschaften halber auch als Volks- und Hausmittel beliebt.

Die Magie macht von der Linde ausgedehnten Gebrauch.

Ihr Holz wird auch „Lignum sanctum" genannt,

weil das älteste Liebfrauenbild am Nonnenberge in Salzburg aus Lindenholz geschnitzt ist. Das Lindenholz hat die Eigenschaft, seine günstig-magischen Eigenschaften allen Kräutern mitzutheilen, die mit einer lindenhölzernen Schaufel ausgegraben werden.

„Mit Lindenbast gebundene Körper und Gegenstände sind vor Verhexung sicher; sogar das verbrannte Lindenholz sichert, als Asche auf Aecker gestreut, durch seine magische Kraft vor Schäden durch Ungeziefer. Wird behextes Vieh mit Lindenruthen geschlagen, „so verräth sich die Hexe durch heftiges Schreien, denn sie spürt die Schläge mit."

Bei Gewittern soll man sich angeblich ruhig unter Lindenbäume stellen können, da der Blitz in solche nicht einschlagen darf. (Wir rathen aber dennoch Niemandem, es zu versuchen).

In Deutschland wurde einst zur Verbrennung der Todten nur Lindenholz verwendet, seiner geheiligten Eigenschaften halber.

Trägt man Lindenholz am Leibe bei sich – am besten in Form eines Kreuzes – so ist man auch gegen Verwundung durch Eisen gefeit.

Lorbeer. 66.

Der edle Lorbeer, botanisch „Laurus nobilis" genannt und der Gattung der Laurineen angehörig, ist ein Strauch oder kleiner Baum mit steifen, aufrecht stehenden Zweigen. Die immergrünen lederartigen, eigenthümlich aromatisch riechenden Blätter sind länglich lanzettförmig und haben einen verdickten gewulsteten Rand. Die Blüthen, welche zweihäusig und von gelblich-weisser Farbe sind, haben eine einfache, viertheilige Blütendecke und stehen in Büscheln in den Blattwinkeln.

Die Frucht des Lorbeerbaumes besteht in einer bläulich-schwarzen eiförmigen Beere von Kirschengrösse.

In der Medicin werden sowohl Blätter, als auch Beeren gebraucht; die Letzteren enthalten ätherisches Oel und ein in Wasser unlösliches Laurin, das „Laurocerin", sowie ein fettes, halbflüssiges grünes Oel, das „Lorbeeröl".

Blätter und Beeren werden in der Volksmedicin als Mittel zur Beförderung der Menstruation und bei Verdauungsschwäche benützt.

In der Magie war der Lorbeer schon zeitig als Götterbaum genannt, wohl hauptsächlich seines scharfen aromatischen Geruches halber. Da der Duft seiner Blüthen und Blätter angeblich Moder und Verwesung hintanhält, so ward er dem Apollo geweiht, der als die Personification der seuchesendenden Sonnengluth galt. Späterhin wird Apollo als Gott der Sühne für sittliche Befleckung und Erkrankung angeführt. Orestes, der durch Apollo vom Mutterblute entsühnt worden war, brachte Apollo ein Reinigungsopfer dar und nachdem dies vergraben worden war, sprosste an dieser Stelle ein Lorbeerbaum aus der Erde.

Der Lorbeer gilt in der modernen Magie als ein, die Fähigkeit Verborgenes zu schauen verleihendes Mittel und wird in diesem Sinne sowohl als Zusatz zu Rauchwerken, als für sich in Blattform unter den Polstern der Schlafstätten verwendet.

Mandragora. 67.

Diese zur Familie der Nachtschattengewächse gehörige Pflanze ist als „Alraun" im Volksmunde bekannt geworden und trägt die botanische Bezeichnung „Mandragora officinalis".

Sie besitzt breite, ovale, stumpfe Blätter und dicke, oft 20-40 Centimeter tief in die Erde dringende Wurzeln. Die Wurzelstöcke der Mandragora sind weiss, mitunter auch bräunlich oder schwarz gefärbt und sind in der Regel in zwei oder drei Theile gespalten.

Die Pflanze hat einen bitteren, scharfen und ekelhaften Geschmack, dann einen stinkenden, die Kopfnerven unangenehm beeinflussenden Geruch und soll die Wurzel bis zu 50 Jahre in der Erde ausdauern. Officinell ist ihre Rinde, welche als Breiumschlag bei entzündeten und scrophulösen Geschwüren zertheilend und entzündungswidrig wirken soll.

Für die Magie ist nur die Wurzel der Mandragora bemerkenswerth, und zwar durch ihre einigermassen an einen Menschenkörper erinnerernde Gestalt, welcher durch Kunst vielfach nachgeholfen wurde. Der zauberische Gebrauch des Alrauns reicht ins graueste Alterthum zurück und soll das „Dudaim" der Hebräer und das "Jabruchin" der Chaldäer mit dieser Wurzel identisch sein.

Fig. 1.
Alraunwurzel (Mandragora).

Pythagoras nennt diese Wurzel ihrer Menschenähnlichkeit halber „Menschenpflanze", was mit der noch heutzutage üblichen persischen Benennung „Merdum-Giah" übereinstimmt.

Paracelsus erwähnt dieselbe ebenfalls vielfach und nennt sie die „Heerdensammelnde" aus nicht eruirbaren Gründen. Nach diesem Gewährsmanne müssen die Wurzelgräber, wenn sie die Mandragora sammeln, die genannte Pflanze mit nach Abend gekehrtem Gesichte dreimal mit einem Schwerte umkreisen, wobei ein zweiter Wurzelgräber unter Hersagung bestimmter Beschwörungsformeln um den ersten herumtanzt. Nur wenn dies geschieht, kann die Wurzel geschnitten werden, ohne ihre magischen Eigenschaften zu verlieren.

Nach Flavius Josephus wird die Mandragora nach einem Orte bei Jerusalem, an dem sie vorzugsweise zu wachsen pflegt, „Barras" geheissen und soll vor jeder Person, die die Wurzel zu bekommen sucht, in die Erde verschwinden. Dies Versinken der Mandragora lässt sich nur dadurch verhüten, dass man selbe – sowie man sie erblickt – mit Harn begiesst. Sie kann überhaupt nicht ohne Lebensgefahr aus dem Boden gezogen werden, sagt der Volksglaube. Will man dies unbeschadet der Gesundheit seines Leibes thun, so muss man die Wurzel, ohne sie zu berühren, mit einem Graben umziehen, bis nur der unterste Theil mehr in der Erde steckt. Hierauf muss man einen schwarzen Hund mit seinem Schweife daran anbinden und denselben aus einiger Entfernung zu sich locken. Reisst der Hund dabei an, so zieht er die Wurzel vollends aus der Erde; an Stelle des Menschen wird aber der arme Hund urplötzlich eine Beute des Teufels und fällt todt zusammen.

Im ganzen Orient gilt heute noch dieser Glaube und soll nach Meinung der Landleute in Europa die Wurzel ihre magische Kraft verlieren, sobald sie durch menschliche Hand aus der Erde gerissen wird. Hat man endlich ein solches Alräunchen erlangt, so muss es, um seine zauberischen Fähigkeiten nicht zu verlieren, allwöchentlich an einem bestimmten Tage in Wein gebadet und dann mit einem frischen weissen Hemde aus Seide und rothem Seidenrocke bekleidet werden. Die schwarzen Mandragorawurzeln erhalten als Bekleidung einen schwarzen Sammetmantel und ebensolches Barett.

Fig. 2.
Alraunmännchen
(nach einer alten Zeichnung).

Nach einer dem Alräunchen zugemutheten Eigenschaft, das vorhandene Geld, so oft davon genommen wird, wieder auf den ursprünglichen Stand zu vermehren, verdankt es wahrscheinlich auch den Namen „Heckemännchen". Es wurde übrigens auch „Galgenmännchen" geheissen und oft mit schwerem Gelde - bis 60 Thaler für das Stück - bezahlt.

Der Aberglaube liess das Alräunchen aus menschlichem Samen unter dem Galgen Aufgehängter entstehen – woher die Bezeichnung „Galgenmännchen" – und sollte dasselbe nicht nur auf Begehren das ihm täglich gebotene Geld verdoppeln, sondern nach Belieben auch Gold und kostbare Steine produciren.

In zauberischer Hinsicht bezüglich des Menschen gewinne der Besitzer des Alraunmännchens, wo er nur wolle, Liebe, Gunst und Glück; auch bringe es unfruchtbaren Frauen Fruchtbarkeit – heisst es weiter.

Die heilige Hildegardis schreibt über das Alräunchen, dass dasselbe von menschlicher Gestalt und aus der nämlichen Erde wie Adam entstanden, der Versuchung des Teufels mehr denn jede andere Pflanze ausgesetzt sei. Deshalb soll kein Nothleidender und Bekümmerter es versäumen, solch' Alraunmännlein mit frischem Wasser zu waschen und dann ins Bett zu sich zu legen, damit es, durch die Körperwärme und den Schweiss verwärmt, ihm von seiner magischen Kraft dann mittheile. Darnach spreche der Betreffende: „O Herr, der du den Menschen aus Lehm ohne Schmerzen gebildet hast, hier lege ich dieselbe Erde, welche jedoch niemals gesündigt hat, zu mir, damit meine sündige Erde (mein Fleisch) jene Frieden, den dieselbe ursprünglich besass, wieder erlange." – – –

Die Alraunwurzel gilt heute noch als vorzügliches Mittel gegen das Verhextwerden und unterscheidet man bei denselben Männlein und Weiblein.

Es wurde jedoch mit dem Verkaufe von Alraunwurzeln viel Unfug getrieben, indem man häufig anstatt der echten Alraunwurzel vorwiegend in Deutschland die durch besondere Kunstgriffe, als: frühzeitiges Zuschneiden, in Formen wachsen lassen usw. dem Alraun ähnlich gemachte Wurzel der wildwachsenden Zaunrübe verkaufte.

Maniacum Solanum. 68.

Ein nicht mehr bestimmt identificirbares Gewächs, welches zu Hexensalben und Liebeszaubern in Verwendung gestanden hat.

Mimose. 69.

Diese als „Sinnpflanze" und unter dem botanischen Namen „Mimosa scandens" bekannte, der Gattung der Mimosaceen angehörige Pflanze ist ein Gewächs mit doppelt gefiederten Blättern von Strauchform, welches in Köpfchen stehende Blüthen, die sehr klein sind, besitzt. Die ganze Pflanzengattung ist dadurch ausgezeichnet, dass dieselbe Blätter trägt, welche sich bei leiser Berührung zusammenlegen. Eine stärkere Berührung veranlasst ein Zusammenklappen nicht nur der berührten, sondern auch der benachbarten Fliederblättchen. Die Mimose enthält einen harzigen, dem „Kathartin" ähnlichen Extractivstoff, dann Gerbsäure und Schleim. Das Kraut derselben wird officinell als Mittel zum Purgiren, dann gegen mangelnde Menstruation verwendet. Der in grösserer Gabe genossenen ekel- und brechenerregenden Wurzel der Mimose werden vom Volksglauben giftwidrige Wirkungen zugeschrieben.

In der Magie hat der Same dieser Pflanze Verwendung gefunden, indem er, um Glück im Kampfe zu sichern, in einen kupfernen Ring gefasst, als Amulet am blossen Leibe getragen wurde.

Mistel. 70.

Ein unter dem botanischen Namen „Viscum album" der Gattung der Loranthaceen angehöriges Gewächs, welches als Schmarotzerpflanze auf dem Holze vieler Bäume festgewachsen, ein ditochomes, immergrünes, lederartiges Gesträuch von stark buschiger Ausdehnung bildet und spatelförmige, stumpfe, gegenüberstehende, dicke lederartige Blätter trägt. Die kleinen Blüthen sitzen gehäuft auf den Enden der Blattachsen.

Die Mistel – besonders jene Gattung, die auf Haselstauden wuchs – wurde in der Zauberkunde verwendet. Es sollten nämlich Stäbchen, die daraus verfertigt wurden, die Eigenschaft besitzen, auf magische Weise Diebe festzuhalten.

Der Glaube an die Zauberkraft der Mistel stammt noch aus mythologischen Zeiten. Durch ihre gegabelten, im Winter mit einer goldgrün schillernden Rinde versehenen Zweige gab sie das Vorbild zur goldenen Zauberruthe, aus welcher sich in späteren Zeiten die Wünschelruthe entwickelte. Nach Virgil musste sich Aeneas, als er in die Unterwelt eindringen wollte, das goldene Reis verschaffen, um es der Persephone überreichen zu können. Er suchte das wie die Mistel im winterlichen Walde goldig schimmernde Reis mit den klirrenden Blättern hoch auf den Bäumen des Waldes.

Derselbe Gabelzweig diente in der Mythologie dem Gott Mercur zur Oeffnung der Pforten des Hades, wenn er die Todten in das Reich der Schatten begleiten musste.

Nach Homer und Virgil verleiht jener goldige Stab Reichthum, ferner giebt er Schlummer und lässt denselben schwinden, sowie er kraft seiner magischen Kräfte sogar die vom Tode geschlossenen Augen zu entsiegeln vermag.

In der deutschen Göttersage ist die Winterruthe, welche Brunhilde und die gesammte Natur in den Todesschlaf versenkt, bis Siegfried, durch die Frühlingssonne repräsentirt, den Eispanzer zerschneidet und die Schlafende wach küsst. Diese Winterruthe ist identisch mit dem „Mistiltein", jenem Mistelzweige, mit dem der blinde Wintergott Höder den lichten Sommergott Balder niederstreckte. Dieser Gabelzweig der Mistel ist aber auch das

Symbol der Wiederbelebung der erloschenen Sonnenkraft, die in ihm allein lebendig bleibt. Daher stammt der Glaube an die allheilende und belebende Kraft dieses Gabelzweiges. Wenn die grösste Sonnenschwäche vorüber ist (mythologisch durch Balder's Neugeburt symbolisch angedeutet), nämlich am Julfeste oder zu Neujahr, wurde die „Allheilende" feierlich eingesammelt und damit während der Festzeit alle Räume geschmückt.

Derlei Naturdeutungen gaben Anlass zu der hohen Verehrung, welche der Mistel bei allen keltischen Stämmen auch heute noch entgegengebracht wird. Wie bereits in der Einleitung erwähnt wurde, gab es für die keltischen Priester, die Druiden, nichts Heiligeres, als die Eichenmistel und den Baum, auf dem sie wuchs, also die Eiche, namentlich dann, wenn es eine Wintereiche war. Die Mistel wurde auch nur mit goldener Sichel und unter besonders feierlichen religiösen Ceremonien geschnitten.

In England geht heute noch die Gepflogenheit, zur Weihnachtszeit Mistelbüsche an die Stubendecken zu hängen.

Die christliche Mythologie hat das Mistelholz als „heiliges Kreuzholz" erkannt, weil es mit dem ehemals gabelig dargestellten Kreuze, auf dem Christus den Tod erlitt, verglichen wird.

Mohn. 71.

Botanisch „Papaver somniferum" geheissen und der Gattung der Papaveraceen angehörig, ist der Mohn eine bekannte Gartenpflanze mit einer jährigen, spindelförmigen Wurzel und aufrechten, meist einfachen, zu 30 bis 40 Centimeter hohen Stengeln, an welchen die eigenthümlichen, in der Mitte die Samenkapsel enthaltenden Blüthen aufsitzen. Die Blätter sind meergrün, zerschlitzt, umfassen den Stengel herzförmig und sind von einem beim Anschneiden reichlich ausquellenden Milchsafte erfüllt. Die Samenkapseln sind voll kleiner weisslicher, grauer oder schwarzer Körnchen, der „Mohnsamen", welcher als Genussmittel bekannt ist, jedoch eine schwach einschläfernde Wirkung besitzt. Er ist sehr ölhältig, und wird aus demselben das Mohnöl gewonnen.

Für die Magie ist die Mohnpflanze deshalb bemerkenswerth, weil aus derselben durch Anritzen der noch unreifen Samenkapseln ein als „Opium" gekanntes narkotisches Mittel bereitet wird, welches nichts anderes als der ausgeflossene und eingetrocknete Milchsaft der Pflanze ist.

Das Opium, ein Körper von schlaferzeugenden, seltsam erregenden und traumerzeugenden Eigenschaften, wurde in der Magie als Bestandtheil der Hexensalben und Tränke, sowie bei Räucherungen verwendet.

Mondraute. 72.

Dieses als „Walpurgiskraut" im Volksmunde gekannte und als „Botrychium Lunaria" in der Botanik in die Gattung der Ophioglosseen eingetheilte Kraut wächst auf trockenen bergigen Wiesen und wird circa 1/2 Meter hoch. Es hat einen grünlich braunen Stengel mit einem einzigen saftigen Blatte, welches aus 17 bis 19 Blättchen gebildet wird, die immer breiter werden und die Form eines Halbmondes haben. Der Stengel geht oben in mehrere Aeste über, welche die Befruchtungsorgane in Form van Kügelchen tragen.

In der mittelalterlichen Volksmedicin wurde sie zur Heilung von Geschwüren und Wunden gebraucht.

Der Zauberglaube misst dem Walpurgiskraute die Fähigkeit zu, darüber Hinschreitende irre zu führen, bis sie Weg und Steg verlieren. Ausserdem war diese Pflanze als ein magisches Mittel zur Auffindung in der Erde verborgener Schätze bekannt.

Mummelkrone. 73.

Diese Pflanze wird im Volksmunde auch „Nixenkraut" geheissen und ist botanisch als „Nymphaea alba" oder „weisse Seerose" der Gattung der Seerosengewächse einverleibt. Sie ist eine Zierde unserer stehenden Gewässer, treibt einen armdicken Wurzelstock, der auf langen Stielen grosse, fast viertelmeterlange, eben so breite, fleischig lederartige, schön hellgrün glänzende Blätter über die Wasseroberfläche breitet. Die Blüthen sind schön weiss und von einem äusserst angenehmen Dufte.

Seinerzeit waren von der Mummelkrone Wurzel, Blüthen sowie Samen als kühlende und zusammenziehende schleimige Arzneimittel officinell. Die Wurzel dient in manchen Ländern ihres grossen Stärkemehlgehaltes halber auch als Nahrungsmittel.

Die zu bestimmten Zeiten und bestimmten Stunden in Mondnächten abgerissene Blume gilt als ein mächtiges Zaubermittel, welches Liebesglück und Reichthum zu bringen und Wassergeister anzuziehen vermag. Doch muss man beim Abrupfen der Blume sehr vorsichtig zu Werke gehen und sich immer die Ohren mit Watte gut zustopfen, da die Wassergeister nichts unversucht lassen, um den Raub der ihnen lieben Blumen zu hindern. Diese Nixen versuchen es nämlich, den Menschen, der nach den Wasserlilien langt, durch ihren schönen Gesang zu bethören und ins Wasser zu ziehen.

Myops. 74.

Eine in der alten Magie zu Liebeszaubern und anderen ähnlichen Zwecken gebrauchte Pflanze, deren Identität mit einer heute vorkommenden Pflanze nicht mehr mit Sicherheit festzustellen ist.

Nectanebi. 75.

Ein als traumerzeugendes Zaubermittel beliebt gewesenes Gewächs, dessen Identität ebenfalls nicht mehr sicherzustellen ist.

Niesswurz. 76.

Hier haben wir zwei in der Magie gebrauchte Arten von Pflanzen, welche beide in der Botanik als Niesswurz vorkommen, nämlich die „schwarze" und die „weisse Niesswurz", zu unterscheiden.

Die „schwarze Niesswurz", auch „Christwurz, Weihnachtsrose oder Winterrose" genannt, in der Botanik als „Helleborus niger" der Gattung der Hahnenfussgewächse eingereiht, ist eine kleine, mit schönen weissen, schon zur Weihnachtszeit auf kurzem Stiele blühenden Blumen versehene Pflanze. Sie war als Nervenmittel wegen des andauernden scharfen und heftigen Reizes, den sie auf die Nervengeflechte und Blutgefässe des Unterleibes ausübt, officinell.

Im Zauberglauben gilt sie als ein Mittel zur Erhaltung der Jugend. Wenn sie nämlich mit den Blättern getrocknet und mit Zucker zu einem Pulver verrieben eingenommen wird, so soll sie den Menschen jung erhalten. Ob ein derartiges Experiment aber nicht der heftigen, nervenerregenden Wirkung wegen als gewagt bezeichnet werden muss, mag dahingestellt bleiben.

Sie gilt auch als ein magisches Mittel gegen die Wassersucht.

Die „weisse Niesswurz", auch „weisser Germer" geheissen, wird in der Botanik „Veratrum album" genannt und der Familie der Zeitlosengewächse beigezählt. Sie ist ein Kraut mit einfachem kurzen Wurzelstock, der einen bis 1 1/2 Meter hohen Stengel treibt. Derselbe ist einfach, kahl und aufrecht und fast gänzlich von den knapp anliegenden Blattscheiden bedeckt. Die aus dem Wurzelstocke hervorkommenden Blätter sind elliptisch oder elliptisch-lanzettförmig, längsgefaltet, unterseits flaumig und in die Scheide schiefverlaufend. Die Blüthen von gelblich weisser Farbe sind in eine Endrispe bildende Traube mit flaumigen Spindeln gestellt.

Der Wurzelstock, welcher geruchlos, aber von brennend scharfem Geschmacke, holzig dicht und ziemlich schwer ist, wurde in der Pharmakopoe als officinelles Mittel unter dem Namen „Radix Hellebori albi" gebraucht. Er gehört unter die scharf ätzenden Gifte und wirkt wie das Alkaloid „Veratrin". Das Veratrin, besonders in Salbenform äusserlich angewendet, gilt als gutes Mittel gegen rheumatische Lähmungen.

Die „weisse Niesswurz" hat in der Zauberkunde als narkotisches, zu Räucherungen und Hexensalben viel verwendetes Mittel Bedeutung.

Ophiusa. 77.

Eine angeblich in der äthiopischen Elephante vorkommende Pflanze, deren Identität aber nicht mehr sicherzustellen ist.

Sie soll in der Magie als Mittel angewandt worden sein, um die Vision von, und Schrecken vor Schlangen zu erregen, welche unter Umständen so weit gesteigert wurden, dass die Betreffenden im Entsetzen darüber sich selbst entleibten.

Orchis. 78.

Im Volksmunde „Knabenkraut, Kuckucksblume oder Ragwurz" geheissen, gehört diese Pflanze unter dem Namen „Orchis Morio" der Gattung der Orchideen an. Dieselbe hat zwei fast kugelige Wurzelknollen, von welchen eine grösser als die andere ist. Aus denselben treibt ein circa 20 Centimeter hoher einfacher, mit mehreren länglichen, stumpf lanzettförmigen Blättern und einer lockeren Blüthenähre an der Spitze besetzter Stengel heraus. Die von Deckblättern unterstützten Blüthen haben eine unregelmässige, sechsblättrige Blüthenhülle. Die Blumen sind bald purpurroth, bald rosenroth, mitunter auch ganz weiss. Die Wurzelknollen sind officinell als Salep gebräuchlich, und werden zur Stillung von Durchfällen, bei Nieren- und Blasenvereiterungen usw. gegeben.

Die Magie legt den Wurzelknollen als Aphrodisiaca, d.h. Liebesmittel, Bedeutung bei. Angeblich soll nämlich die grössere und härtere der beiden Wurzelknollen dem zu Bezaubernden im Weine eingegeben die Geschlechtslust erregen, wohingegen die kleinere, die weichere der Knollen, gegentheilig wirken soll und als Mittel zum sogenannten „Nestelknüpfen" verwendet wurde.

Osirite. 79.

Ein im Alterthume und theilweise heute noch im Oriente gebräuchliches Zaubermittel, welches angeblich die Kraft besitzen soll, die Seelen Abgestorbener herbeizurufen. Es wurde bei nekromantischen Ceremonien als Räuchermittel usw. verwendet. Die Identität mit einer der bekannten Pflanzen war nachzuweisen nicht möglich.

Palmkätzchen. 80.

Die an der Haselstaude vorkommenden silbergrauen wolligen, seiden glänzenden Kätzchen werden im Volke so benannt.

Der Volksglaube legt nämlich dem Haselbusch, botanisch „Corylus Avellana" genannten und der Gattung der Cupuliferen angehörigen Strauche geheime Kräfte bei. Der Legende zu Folge soll die Jungfrau Maria einst mit dem Jesukinde vor einem Gewitter Schutz unter einer Haselstaude gefunden haben. Maria segnete deshalb den Strauch und seither kann kein Blitz mehr in die Haselstaude einschlagen.

Der Zauberglaube will nun diese blitzschützende Kraft auch auf Häuser und Orte übertragen, welche Haselzweige bergen. Diese Kraft soll besonders an den kätzchentragenden Zweigen hängen, welche Palmbuschen genannt und am Palmsonntage von dem katholischen Priester in der Kirche geweiht, d.h. unter Gebeten mit Weihwasser besprengt werden.

Wirft man bei einem Gewitter drei oder sieben dieser Kätzchen ins Feuer, so ist das Haus vermeintlich gegen Wetterschäden geschützt.

Pfingstrose. 81.

Diese auch „Päonie, Gichtrose oder Königsblume" genannte, der Gattung der Hahnenfussgewächse angehörige, botanisch „Paeonia officinalis" geheissene herrliche Zierpflanze hat einen aufrechten, circa 30 Centimeter hohen Stengel, der dick und kahl ist. Die langgestielten Blätter sind ebenfalls gross, dreifach, dreischnittig, oberseits dunkelgrün, unterseits blässer oder von seegrüner Farbe und ganz kahl. Die sehr grossen rosenartigen, bald blassrosa, bald dunkelroth gefärbten Blüthen stehen einzeln am Gipfel der Stengel.

Wurzel, Blumenblätter und Samen dieser mässig angenehm und fast betäubend riechenden Pflanze sind als Volksmittel im Gebrauche und waren eine Zeitlang officinell.

Die Wurzel hat einen süsslich bitteren Geschmack, der widrigscharf ist und steht gegen Gicht und Asthma in Verwendung.

Von der Pfingstrose geht im Zauberglauben die Meinung, dass sie von dem geheiligten Specht gegen das Abbrechen geschützt sei. Ihre Blüthenblätter bilden einen Bestandtheil der Geisterräuchermittel.

Primel. 82.

Diese auch „Himmelsschlüssel, Petersschlüssel, Schlüsselblume oder Frauenschlössli" genannte, botanisch als „Primula veris" der Gattung der Primelgewächse beigezählte Pflanze besitzt einen walzlichen Wurzelstock, der ziemlich dickfaserig ist, und hat grundständige, eiförmige, runzelige, wenig gekerbte Blätter. Die einfachen doldenförmigen, gelblichen Blüthen stehen auf circa 20 Centimeter hohen blattlosen Stengeln. Die Frucht ist eine vom bleibenden Kelche der Blume umschlossene Kapsel.

Die Blüthen dieser Pflanze sind als Thee von schwach reizender und schweisstreibender Wirkung geschätzt.

Der Zauberglaube legt dieser Pfalnze geheime magische Kräfte bei, vermöge deren sie zu Orten, an welchen grosse Schätze verborgen sind, den Zugang zu öffnen vermag. Sie steht nach der Volksmeinung unter dem speciellen Schutze des heiligen Petrus, weshalb sie auch „St. Petersschlüssel" oder „Himmelsschlüssel" genannt wird

Quendel. 83.

Diese im Volksmunde auch „Thymian" geheissene Pflanze gehört unter dem botanischen Namen „Thymus Serpyllum" der Gattung der Lippenblüthler an.

Der Quendel hat langgestreckte wurzelnde Stengel und eirunde oder länglich runde Blätter. Die kleinen rosenrothen Blüthen stehen gebüschelt in Seitenquirln. Der Thymian hat einen balsamisch citronenartigen Geruch und einen bitterlich würzigen Geschmack.

In der Hausheilkunde wird er bei krampfartigen Menstruationsbeschwerden als Thee gegeben. Sonst wird er meist äusserlich, und zwar im Decocte zu Bädern für kleine Kinder, als sehr stärkendes Mittel gerühmt. Auch steht er äusserlich bei Verletzungen, Quetschungen und Verrenkungen als linderndes Mittel in Gebrauch.

In Form von Kissen wird er erwärmt gegen Lähmungen aufgelegt.

Im Zauberglauben heisst es, dass ein Quendelstengel, mit der rechten Hand dreimal um den Kopf geschwungen, wenn dabei die Worte „Quandel mach' mir Handel" gesprochen werden, guten Verkauf ausgebotener Waaren vermitteln soll.

Rainfarn. 84.

Diese Pflanze wird im Volksmunde auch „Wurmkraut" geheissen und ist als „Tanacetum vulgare" der Gattung der Korbblüther eingereiht.

Es hat einen bis 1/2 Meter langen hohen Stengel, doppeltfiederspaltige Blätter und Blüthen.

Die ganze Pflanze hat einen eigenthümlichen, nicht gerade angenehm zu nennenden Geruch, der stark aromatisch ist.

Das blühende Kraut, welches sehr reich an einem ätherischen Oel ist, wurde in die officinelle Heilkunde aufgenommen.

Es soll verdauungserregend, sowie Haut- und Nierenthätigkeit anregend wirken. Zu grosse Dosen bewirken Durchfall und Erbrechen.

In dem Zauberglauben wird es als Bestandtheil der sogenannten Krautwische, welche gegen Blitz, Hagel und Ungewitter schützen sollen, angeführt.

Rainkohl. 85.

Ein unter dem botanischen Namen „Lapsana communis" der Gattung der Compositen beigezähltes Gewächs mit einem bis 1 Meter hohen Stengel, gestielten, leierförmigen Blättern und gelben rispig-doldentraubigen Blüthenköpfen.

Er steht in der Volksmedicin im Geruche eines erweichenden, kühlenden und auflösenden Mittels, als welches er sowohl innerlich wie äusserlich gebraucht wird.

Die Magie sagt von dem Rainkohl, dass jene Pflanze, bei der drei Blüthenstiele aus einem Punkte entspringen, die Kraft habe, durch magischen Einfluss die Abwickelung von Geschäften zu begünstigen.

Raute. 86.

Im Volke als „Weinraute" oder „Gartenraute" gekannt, heisst diese Pflanze mit ihrem botanischen Namen „Ruta graveolens" und ist der Gattung der Rautengewächse beigezählt.

Sie hat bis 30 Centimeter hohe Stengel, die rundlich kahl und mit abstehenden Zweigen versehen sind. Die Blätter der Raute sind gestielt, zwei- bis dreimalfiedertheilig und werden gegen oben zu immer einfacher. Das ganze Blatt hat einem länglichen Umfang. Die Abtheilungen haben verkehrt eirunde oder längliche Gestalt. Die grüngelben Blumen erscheinen an den Enden der Zweige bereits im Juli in Rispen und hinterlassen eine viertheilige Samenkapsel. Diese Pflanze riecht äusserst stark und widrig, schmeckt unangenehm bitterlich, scharf, und enthält ausser bitterem Extractivstoffe noch grosse Quantitäten eines scharfen ätherischen Oeles.

Ihre Blätter gelten officinell als ein sehr kräftiges Reizmittel. Im Zauberwesen gilt die Raute als ein zauberlösendes Mittel, wenn sie unter der Schwelle eingegraben als Amulet getragen, oder hinter dem Fensterrahmen verborgen wird.

Ricinus, 87.

auch Christuspalme oder „gemeiner Wunderbaum" geheissen, ist die botanische „Ricinus communis" gemeint, und als solche der Gattung der Wolfsmilchgewächse beigezählt.

Sie erlangt je nach dem Klima, unter dem sie aufwächst, eine Grösse von Mannshöhe bis zu bedeutender Baumhöhe. In letzterem Falle wird ihr Stamm nach mehreren Jahren holzig. In Europa behält der gemeine Wunderbaum stets den Habitus eines Krautes bis Strauches und wird höchstens zwei Jahre alt.

Die Wurzel des Ricinusstrauches ist faserig, der Stamm, der sich erst oben in Aeste verzweigt, ist rundlich, hohl, grün und wie mit einem Wachsstaube besäet. Die langgestielten wechselweisen Blätter sind schildförmig, fast handförmig und deren Lappen sägeartig eingeschnitten. Die Blüthen sehen nicht sonderlich schön aus, höchstens die weiblichen, deren Griffel schön roth sind. Die Frucht der Christuspalme erreicht beiläufig die Grösse einer Haselnuss und ist mit saftigen, weichen Stacheln besetzt. Sie hat drei Fächer, in deren jedem ein Samenkorn von der Grösse einer mittleren Bohne enthalten ist.

Die Samen sind sehr ölreich und wird aus denselben das als Ricinusöl weitbekannte Purgirmittel gepresst.

Das Ricinusöl ist ein lichtgelbes, dickflüssiges, schwach ekelhaft riechendes und mild süsslich schmeckendes Oel, welches einen scharfen Nachgeschmack zurücklässt. Es wirkt sehr rasch purgirend, stört aber bei anhaltendem Gebrauche die Verdauung. Es wirkt vorzüglich bei Verstopfungen, die sich nach dem Gebrauche anderer Purgirmittel eingestellt haben.

In der Magie wird die Christuspalme als geisterbannend angeführt. Die Häuser, in deren Gärten Christuspalmen stehen, sind angeblich gegen Geisterspuk geschützt. Die getrockneten Blätter werden bei Exorcismen in Spukorten verwendet.

Salbei, 88.

auch „Köningssalbei" genannt, heisst botanisch „Salvia officinalis" und ist als solcher der Gattung der Lippenblüthler beigezählt. Er besitzt bis 1/2 Meter hohe vierkantige Stengel, welche wie die gestielten, gegenständigen, länglichen, gekerbten und wohlriechenden Blätter graufilzig sind.

Die ziemlich grossen dunkelvioletten Blüthen stehen in aus Quirlen zusammengesetzten Aehren. Die Blumenkrone des Salbei ist zweilippig, die Oberlippe gewölbt, die Unterlippe dreispaltig mit grossem Mittelzipfel.

Die Pflanze riecht eigenthümlich aromatisch, schmeckt bitterlich gewürzhaft und etwas zusammenziehend.

Die Salbeiblätter sind ihrer adstringirenden, dabei aber reizlosen Eigenschaft halber bei übermässigen Absonderungen officinell. Das Volk verwendet sie bei übermässiger Menstruation, bei zu grosser Milchentwickelung und bei Zahnfleischkrankheiten.

In der Magie kommt der Salbei seines starken Geruches halber als dämonenscheuchendes und geisterbannendes Mittel in Verwendung. Er wird zu diesem Zwecke in Büscheln hinter den Thürstöcken aufgehängt.

Satyrion. 89.

Eine zu Liebestränken in Gebrauch gewesene Pflanze, welche auch als Amulet verwendet wurde, da sie schon durch die blosse Berührung geschlechtlich erregend wirken sollte. Ihre Identität mit einer der heute bekannten Pflanzen ist nicht constatirbar.

Schafgarbe. 90.

Eine sehr häufige, als „gemeine Schafgarbe" oder „Sicherkraut" allgemein bekannte Pflanze, botanisch „Achillea millefolium" genannt, mit ästigem Wurzelstock, aufrecht stehendem Stengel und doppelt fiedertheiligen, vielspaltigen Blättern. Um ein sehr kleines bräunliches Blüthenköpfchen stehen fünf weisse Strahlenblüthen und einige röhrige gleichfarbige Blüthen.

Die Blätter sind von einem balsamischen und erfrischenden Geruche und von bitterem, würzigem Geschmacke, so lange sie frisch sind.

Die heutige Verwendung dieser Pflanze ist eine rein medicinische, da sowohl Blüthen als Kraut ein kräftig stimulirendes, dabei tonisches Arzneimittel sind, welches gegen Krampfzustände, Hypochondrie, Schleimflüsse usw. in Verwendung steht.

Die Achillea wurde als Bestandtheil zu Rauchkräutern und Salben genommen, galt also als Hexenkraut, wohl zu Folge der Einwirkung auf das Sensorium.

Schlafdorn, 91.

auch Bilsenkraut geheissen, im Volke als Tollkraut gekannt, wurde bereits unter Bilsenkraut besprochen, weshalb wir dahin verweisen.

Scorditis. 92.

Eine ebenfalls bezüglich ihrer Identität nicht mehr bestimmbare Pflanze, welche als geisterbannend im Gebrauche gewesen ist.

Scythenlamm. 93.

Unter dem Namen „Scythenlamm", „Pflanzenschaf" oder „Agnus-scythicus" wird eine in Mittelasien wachsende Pflanze, die den botanischen Namen „Aspidium Baranez" führt, in der Magie vielfach genannt. Es ist dies eine Schildfarnart, die einen länglichen horizontalen, über 20 Centimeter langen, dicken, fleischigen und sehr vielgestaltigen Wurzelstock besitzt. Derselbe steht bis zu 20 Centimeter über die Erdoberfläche heraus und ist mit dem Boden durch einige (meist vier) Nebenwurzeln verbunden. Das ganze Gewächs ist über und über mit langen wollartigen, tiefgelben Spreuschuppen bedeckt und überkleidet, so dass die ganze Pflanze ungefähr die Gestalt eines Lammes erhält, woher auch der Name „Scythenlamm". Schneidet man die Wurzel mit einem Messer an, so quillt ein dicker, reichlich enthaltener rothgefärbter Milchsaft heraus.

Fig. 3.
Scythenlamm.

Die Pflanze ist als blutstillendes Mittel unter dem Namen „Paleae Cibotii" oder „Pili Cibotii" geschätzt und kommen deren rothbraune Haare auch heute noch als „Paleae haemostaticae" in Gebrauch. Das Pflanzenschaf ist einer Sage aus dem 14. Jahrhundert entsprechend ein kleines Lamm, das angeblich aus einer jenseits des Kaspisees wachsenden Melone hervorgeht, oder aber eine Pflanze sein soll, welche als Frucht ein Lamm hervorbringt. Dasselbe ist der Sage nach an einem langen Stiele befestigt und weidet die ringsum wachsenden Kräuter ab, wonach es abstirbt.

In Indien ist das Pflanzenschaf unter dem Namen „Penghavar" bekannt, und wird dort ebenfalls als blutstillendes Mittel angewendet.

Man sah in dieser sonderbaren Pflanze natürlich ein lebendes Geschöpf, das, halb Thier halb Pflanze, mit seinen vier Füssen in der Erde festwurzele und Blut vergiesst, wenn es verletzt wird. Es ist selbstverständlich,dass der Zauberglaube sich eines derartigen wunderbaren Gewächses bemächtigen musste und man demselben die übernatürlichsten Kräfte zuschrieb.

Die Magie sagt denn auch, dass das „Agnus scythicus" den Weibern Fruchtbarkeit, Besitz und Reichthum, den Männern aber Ruhm und Ehren bringe. Der Besitzer eines solchen Lammes habe sich ferner eines langen Lebens zu erfreuen.

Das Scythenlamm war in Folge seiner schweren Erhaltbarkeit natürlich auch sehr hoch im Preise und wurde von Fürsten und sonstigen reichen Herrschaften noch theurer bezahlt als der Allermannsharnisch oder ein Alraunmännchen.

Seidenpflanze. 94.

Eine Pflanze, botanisch „Asclepias Soma (Acida)" genannt, deren scharf reizender, bitterlich säuerlicher und zusammenziehend wirkender Milchsaft zur Bereitung des sogenannten „Somatrankes" als dessen Hauptbestandtheil verwendet wird.

Der Somatrank ist (nach Windischmann) für den Brahmanen die Quintessenz aller Nahrung und wird von denselben als „Erdmilch", „Honig und Medium der Unsterblichkeit" bezeichnet, in Folge dessen bei allen religiösen Ceremonien und Opfern gebraucht.

Schon die Einsammlung des Pflanzensaftes der Asclepias geschah unter feierlichen Ceremonien. Er wurde, nachdem die Pflanze geweiht worden war, ausgepresst und dann mittelst feierlicher Beschwörungsformeln besprochen.

Der Somatrank gilt als Sonnentrank, der zur Vollendung der Yoga gebraucht wird, der in einen magischen Zustand versetzt, den Yogi über alle Regionen der Welt in deren Centrum erhebt und ihn mit Brahma vereinigt, so dass er in Folge dessen allwissend und allsehend wird.

Dieser Milchsaft des Somatrankes ist nach de Candolle der Saft der „Asclepias acida" (Cynanchum viminale). Er ist scharf und reizend und in grösseren Gaben sehr giftig. Er afficirt die Nerven in eigenthümlicher Weise, so dass dieselben beruhigt und entspannt, gewissermassen erstarrt werden.

Während andere narkotische Mittel zugleich einen Betäubungszustand hervorrufen, ist dies bei dem Safte der Asclepias nicht der Fall. Derselbe hemmt nur die Bewegungsthätigkeit der Nerven, ohne zugleich Schwinden des Bewusstseins zu verursachen. Da die Somapflanze als direct unter dem Einflusse des Mondes stehend betrachtet wird, so ist es auch erklärlich, dass der Somatrank in der Regel bei den Mondopfern bereitet wurde, und zwar unter Segens- und Fluchsprüchen, durch welche die Kräfte der oberen und der unteren Welten dem Tranke einverleibt werden sollten.

Diese Pflanze wird heute zu Heilzwecken verwendet und gilt als ein antiasthmatisches, giftwidriges und Erbrechen erregendes Mittel.

Sellerie, 95.

auch „Garten-Sellerie" oder „Eppich" genannt, hat in der Botanik die Bezeichnung „Apium graveolens" und gehört der Gattung der Doldenpflanzen an.

Sie hat eine runde knollenartige Wurzel, einen 20–45 Centimeter hohen Stengel, dunkelgrüne, glänzende, fünf-

oder dreizählig gefiederte Blätter, dreilappige Blättchen und kleine weisse Blüthen in zahlreichen sechs- bis zwölfstrahligen Dolden.

Sie besitzt einen durchdringend widrigen Geschmack und soll fast giftartig wirken. Die Volksmedicin benützt den wilden Eppich als harntreibendes und auf die sexuellen Organe einwirkendes Mittel.

In der Magie gilt die Sellerie besonders in Griechenland als ein glückbringendes Mittel, weshalb sie als Amulet getragen oder in den Zimmern über den Thüren aufgehangen wird. Sie ist auch als Bestandtheil von Liebestincturen und zu Räucherungen im Gebrauche gewesen.

Sesamum. 96.

Eine als „Sesam" unter dem botanischen Namen „Sesamum orientale" der Gattung der Pedalineen angehörige Pflanze.

Eine bis 130 Centimeter hohe Staude, welche mit länglich-ovalen, drüsig behaarten Blättern, weissen, rosenroth angehauchten, schief glockenförmigen Blüthen und sammtartig behaarter Kapsel versehen ist. Die 70 Procent ölhaltigen Samen dienen zur Pressung des sogenannten Sesamöles, welches goldgelb, geruchlos und von einem milden, hanfähnlichen angenehmen Geschmacke ist.

Die Sesampflanze gehört den „Wunderschlüsseln" an, der Same gilt in der Magie als traumerzeugendes Mittel bei Rauchwerken und wird in diesem Sinne verwendet.

Sideritis. 97.

Ein als zauberlösend in Gebrauch gestandenes Kraut, dessen Identität mit einer der heute bekannten Pflanzen nicht mit Sicherheit zu constatiren war.

Siegwurz. 98.

Unter diesem Namen kommen zwei Pflanzen in Betracht, und zwar die als „Gladiolus communis" oder „runde Siegwurz" bekannte, der Gattung der Irideen angehörige gemeine „rothe Schwertel", welche beiläufig 30 Centimeter hoch wird, schwertförmige, etwas auseinander stehende Blätter hat, die gestreift und an dem einen Rande am unteren Ende kreisförmig ausgehöhlt sind, so dass es scheint, als wenn das eine gleichsam in der Scheide des Zweiten stecken würde. Die gemeine Schwertel hat einen rundlichen Stengel, der oben an einer Seite die schönen rothen, etwas weit auseinander stehenden Blumen trägt.

Die Wurzel ist süsslich schmeckend, von schwach veilchenartigem Geruche und war als „Allermannsharnisch" officinell. Man legte ihr besondere magische wunderheilende Kräfte bei.

Fig. 4.
Siegwurz (Allermannsharnisch).

Die eigentlich als Allermannsharnisch im Zauberwesen gebräuchliche Pflanze ist aber das „Allium Victorialis" genannte, als „Wegbreit" oder „wegbreitblättriger Lauch" gekannte Kraut, dessen Wurzelknollen oder Zwiebel mit einer eigenthümlichen gitter- oder panzerartigen Hülle gewissermassen tunicaartig bedeckt ist. (Fig. 4.)

Der Allermannsharnisch hat schwache Stengelblätter und kapseltragende Schirme, elliptische sehr breite Blätter, zugerundete Schirme, lanzettförmige Staubgefässe, die länger als die Blumenkronen selbst sind.

Die Siegwurz, welche auch „wilder Allraun" genannt wird, gilt in der Zauberei als ein Mittel, welches durch seine magische Kraft gegen Verwundungen, Zauberei, böse Geister und Gespenster Schutz bietet.

Sie wurde von den Kriegsleuten des Mittelalters als Amulet am Halse getragen, da die Leute dadurch hieb- und stichfest zu werden glaubten. Die Bergknappen trugen sie bei sich, um gegen die Bergmännchen und deren Tücken geschützt zu sein.

Die Siegwurz wurde vielfach als Allraun verkauft und befinden sich gegenwärtig noch in der kaiserlichen Hofbibliothek zu Wien zwei derartige falsche Allräunchen, an denen man bei genauerer Untersuchung constatiren kann, das sie mit dem Messer stark zurecht gerichtet sind und die als Arme geltenden Theile mit Gummi angeklebt wurden. Sie stammen aus dem physikalischen Cabinete Kaiser Rudolf's II. her und waren ehemals mit Hemd, Lederkappe und einem Sammetmantel bekleidet.

Sinau, 99.

auch als „Thaurosen, Löwenfuss, Marien- oder Frauenmantel" im Volksmunde und als „Alchemilla vulgaris" in der Botanik bekannt, gehört diese Pflanze der Gattung der Sanguisorbaceen an.

Sie hat neunlappige, nierenförmige, glatte, gezähnte Blätter mit tief eingeschnittenen Blattansätzen, dann Blumen, die in kleinen Doldentrauben am Ende des nicht zu grossen Stengels ansitzen. Wurzel und Kraut dieser Pflanze enthalten einen bitterlich-adstringirenden Stoff und waren gegen Blutflüsse, Diarrhöen Schlaffheit der Gefässe usw. im Gebrauche.

In der Magie wurde dieses Kraut von den Alchymisten beim Goldmachen auf eine nicht näher bestimmbare Weise verwendet.

Sinngrün. 100.

Diese auch „Ewiggrün" oder „Todtenmyrte" genannte, botanisch als „Vinca minor" der Gattung der Apocyneen einverleibte Pflanze hat einen kleinen, dünnen und kriechenden Wurzelstock und halbstrauchige Stengel. Die unfruchtbaren derselben liegen nieder, die blühenden hingegen stehen aufrecht. Die Blätter sind gegenständig, länglich lanzettlich, immergrün, ganzrandig, dunkelgrün und glänzend. Die tellerförmigen hellblauen Blumenkronen sitzen einzeln an langen Stielen, die aus den Blattwinkeln hervorkommen, auf.

Die Blätter haben einen bitter-zusammenziehenden Geschmack und enthalten einen eisensalzigen Gerbstoff. Das Sinngrün war officinell und wurde bei Durchfällen, Blutflüssen, Verschleimungen und hauptsächlich auch gegen Scorbut angewendet.

In der Magie ist diese Pflanze als ein gegen Bezauberung wirksames Mittel gerühmt, und wurde auch bei nekromantischen Beschwörungen verwendet.

Sonnenthau. 101.

Diese Pflanze, botanisch „Drosera rotundifolia" geheissen, gehört der Gattung der Sonnenthaugewächse an.

Es ist dies ein kleines, ausdauerndes, mit dicht rosettenartig und grundständigen kleinen kreisrunden Blättern besetztes Gewächs mit 15–20 Centimeter hohem Blüthenschaft und kleinen, weissen Blüthen. Es ist dadurch ausgezeichnet, dass dessen Blätter mit purpurrothen Drüsenhaaren besetzt sind, die an der Spitze ein Tröpfchen einer wasserhellen, etwas klebrigen Flüssigkeit tragen.

Berührt ein Insect diese Haare, so bleibt es wegen der klebrigen Tröpfchen daran hängen, das Blatt schliesst sich und bleibt so lange geschlossen, bis das Insect todt und zerstört ist.

Die Zauberkunde konnte sich ein solches Gewächs nicht entgehen lassen und betrachtet den Sonnenthau als ein Mittel gegen Bezauberung und dämonische Einflüsse.

Die Alchymie bediente sich des aus den erwähnten Wassertropfen destillirten Elixirs als eines Bestandtheiles des magischen Lebenselixirs, ja selbst zum Goldmachen.

Der Volksglaube sagt dem Kraute nach, dass es, als Amulet getragen, die Milch gerinnen lasse, und wurde es zur Behexung der Milchkühe, ja selbst der ihre Kinder stillenden Mütter verwendet.

Das Drüsensecret soll aber eine thatsächlich heilsame Wirkung haben, indem es nämlich Warzen vertilgt.

Sonnenwende, 102.

auch, „Krebsblume" oder „Scorpionskraut" genannt, botanisch als „Heliotropium europaeum" bezeichnet und der Gattung der Boragineen beigezählt, ist ein Halbstrauch mit ganzen eiförmigen oder lanzettlichen Blättern und trugdoldig angeordneten Wickeltrauben. Die Frucht zerfällt bei der Reife als Spaltfrucht in vier Früchtchen.

Diese Pflanze war einst als Mittel gegen scrophulose, krebsartige und syphilitische Geschwüre officinell, ist aber längst ausser Gebrauch gesetzt.

In der Magie ist es als Hexenkraut genannt, welches am Sonntage gesammelt werden musste, wenn es irgend eine magische Wirksamkeit haben sollte. Es diente als Abwehrmittel gegen Behexung.

Springwurzel. 103.

Man hält für diese, auch unter den Namen „Spechtwurzel" oder „Böhmhöckelkraut" vorkommende Pflanze ein der Gattung der Wolfsmilchgewächse angehöriges Kraut, die „Euphorbia Lathyris".

Diese, auch „Maulwurfskraut" genannte Pflanze wird circa 90 Centimeter hoch, hat einen blau angelaufenen Stengel, gegenständige, aufsitzende, lanzettförmige, ganzrandige Blätter und eine sehr grosse, vierstrahlige Blüthendolde. Die Samen – kleine Körner – sind als Brech- und Purgirmittel officinell. Das Kraut enthält einen sehr scharfen Milchsaft, der, als ein sicher und rasch wirkendes Mittel, bei Wechselfieber usw. verwendet wird.

Die Springwurzel spielt im Zauberwesen eine sehr bedeutende Rolle. Sie soll jede Thür und jedes Schloss zu öffnen vermögen und jede Fessel, bestünde sie auch aus noch so starken Eisenketten, zu sprengen im Stande sein. Der Glaube an diese Kraft der Springwurzel war so eingewurzelt, dass man im Mittelalter in Gefängnissen ganz besondere Mittel anwenden zu müssen glaubte, um die Verbrecher zu sichern. So wurden z.B. Hexen und Zauberer, also Personen, denen man die Fähigkeit, eine

Springwurzel zu erlangen und zu gebrauchen, zumuthen konnte, im Kerker in eine Art von Schaukel gesetzt oder gehängt, so dass sie den Boden nicht berühren konnten, und in der Luft schwebend erhalten wurden. Sogar im 16. Jahrhundert noch enthalten die Gesetze Verordnungen wegen Sicherung der Verbrecher gegen Anwendung der Springwurzel.

Eine solche Zauberwurzel war aber nicht so leicht zu erlangen, da der Mensch sie nicht zu erkennen vermag. Das einzige Wesen der Natur, das die Springwurz zu erkennen und aufzufinden vermag, ist der Specht, und nur durch diesen ist die Wurzel zu erlangen. Zu diesem Zwecke verspundet man in einem Baume das Nestloch eines Spechtes, in dem sich eben Junge befinden. Der Specht kommt, kann in das Nest nicht hinein, und fliegt sofort weg, um sich eine Springwurzel zu holen. Diesen Augenblick muss der Mensch erspähen und sich, bevor der Specht noch zurückgekehrt ist, mit einem rothen Tuche bereit halten. Sowie der Vogel mit der Wurzel im Schnabel zurückkommt, muss man ein grosses Geschrei erheben, aus dem Verstecke hervortreten und das rothe Tuch ausbreiten. Der Specht erschrickt darüber, lässt die Springwurz fallen, die man dann in dem rothen Tuche auffängt und nach Hause trägt.

Die Springwurzel wurde nicht nur zu bereits angeführten Zwecken verwendet, sondern soll angeblich auch ein unentbehrliches Hilfsmittel beim Schatzgraben gewesen sein, da damit alle alten verrosteten Eisentruhen geöffnet werden konnten.

Stechapfel. 104.

Ein der Familie der Solanaceen angehöriges, botanisch als „Datura stramonium" bezeichnetes Gewächs, welches der Volksmund als „Dornapfel, Rauhapfel, Krötenmelde, Igelskolben, Stachelnuss und Tollkraut" kennt.

Es ist dies eine einjährige, bis 1 Meter hohe Pflanze, welche einen mehrfach gegabelten Stengel, spitze, eiförmige, buchtig gezahnte Blätter hat und grosse, weisse oder bläuliche Blüthen, sowie eine eiförmige, derb stachlige Samenkapsel trägt. Letztere erreicht die Grösse eines Apfels.

Die Blätter der „Datura" sind officinell. Sie haben einen unangenehmen, betäubenden Geruch, der beim Trocknen einigermassen geringer wird. Ihr Geschmack ist ekelhaft, bitterlich und salzig.

Die länglich nierenförmigen, fast halbkreisrunden, sehr feinlöcherig punktirten, mattdunklen bis schwärzlichen Samen schmecken ölig, bitterlich und scharf und gehören, wie die Blätter, zu den scharfen, narkotischen Giften. Sie enthalten ein Alkaloid, das „Atropin", ausserdem noch ein ähnliches Gift, das „Stramonium".

Man gebrauchte ehemals das Stramonium in Form von Cigaretten gegen Geisteskrankheiten und asthmatische Zustände. Gegenwärtig wird von den Landleuten der Stechapfelsame in geringen Mengen dem Schweinefutter beigemengt, un die Thiere recht fett zu machen, und Pferdehändler benützen ihn, um abgemagerten, zum Kaufe bestimmten Pferden ein gutes Aussehen zu verschaffen.

Im Oriente dienen die Stechapfelgewächse zur Herstellung von berauschenden Getränken und Tabaken. Die Peruaner machen aus denselben einen Trank, den „Tongatrank", der in verdünntem Zustand als Schlafmittel wirkt, unverdünnt genossen erzeugt er Tobsuchtsanfälle, die durch

Trinken grösserer Quantitäten kalten Wassers wieder vergehen.

Im Zauberglauben ist der Stechapfel als Mittel zur Erzeugung der Ekstase gebräuchlich; so haben bereits die Priester des Sonnentempels, in der peruanischen Stadt Sagomozzo, Körner dieser Pflanze gekaut, um sich in die zum Weissagen nöthige Inspiration zu versetzen. Stechapfelextract spielt auch bei den Hexensalben, sowie den narkotischen Zauberräucherungen, eine gewaltige Rolle.

Strichnon. 105.

Eine ebenfalls zu Bezauberungszwecken angewendete Pflanze, deren Identität mit einer der gegenwärtig bebekannten sich nicht mit Sicherheit feststellen liess.

Teufelsabbiss. 106.

Eine mit einer eigenthümlich wie abgebissen aussehenden Pfahlwurzel versehene Pflanze, die botanisch „Scabiosa succisa pratensis" genannt wird und der Gattung der Kardengewächse angehört.

Die Blätter sind eiförmig, fast lanzettlich, und bilden eine Rosette. Sie haben eine schwarzgrüne Farbe, sind rauh, ganzrandig, schwach gezähnt und je weiter oben desto schmaler zulaufend.

Die Blüthe ist ein blauviolettes Blüthenköpfchen, mit vielblättriger Blüthendecke. Hält man sie über den Rauch einer Cigarre, so verändert sie die Farbe in ein prachtvolles Smaragdgrün.

Der Geschmack der Scabiosa ist bitter und etwas adstringirend.

Die Volksmedicin gebrauchte die Wurzel und auch das Kraut der Pflanze in zerstossenem Zustande gegen Entzündungen und Schmerzen in Folge von Quetschungen.

Teufelsabbiss heisst die Pflanze, weil der Teufel angeblich aus Aerger über deren Heilkräfte, um die Pflanze zu vernichten, einen Theil der Wurzel abgebissen haben soll.

Die Magie giebt an, dass ‚wer eine Scabiose bei sich trage, gegen Teufelskniffe und böser Weiber Tücke geschützt sei.

Sie wird angeblich von böswilligen Zauberern dazu benützt, um Streit und Zank zu stiften, was dadurch geschieht, dass man sie unter den Tisch, bei dem die Leute sitzen, wirft.

Thalasseyle. 107.

Dies sowie das vorerwähnte Strichnon wurden angeblich als traumerzeugende, bei den Orakeltempeln in Verwendung gestandene Kräuter gebraucht. Doch ist auch hier die Identität nicht sicher zu stellen.

Theangelis. 108.

Ein angeblich auf dem Libanon, dann dem Berge Dyctis auf Kreta, sowie in Babylon und Susa vorkommendes oder gewesenes Kraut, dessen Genuss in Ekstase versetzt und Weissagungen hervorruft. Nicht mehr identificirbar.

Vatica. 109.

Ein nicht mehr identificirbares Kraut, das angeblich zu Wahrsagezwecken und zur Erweckung der Ekstase gedient haben soll.

Vergissmeinnicht. 110.

Auch „Mäuseohr, Leuchte oder Wunderblume" geheissen, ist dies eine der Gattung der Asperifoliaceen angehörige, botanisch „Myosotis palustris" genannte

Pflanze mit ausdauerndem schiefen, etwas kriechendem Wurzelstocke, länglich lanzettförmigen, abgestumpften Blättern und himmelblauen Blüthen mit gelbem, goldigen Schlunde. Von dieser Blume heisst es, dass sie in der Magie zum Schatzheben gebraucht wird. Der Schatzgräber, der die Blume unter richtigen Beschwörungsformeln und zur geeigneten Zeit pflückt, sieht zufolge der magischen Kräfte der Pflanze den Berg an der Stelle, wo der Eingang zur der Schatz bergenden Höhle ist, offen. Er hebt den Schatz, darf aber sein Blümlein nicht vergessen. So wie er dies thut, ruft sie ihm beim Verlassen der Bergesöffnung noch das warnende Wort „Vergiss das Beste nicht", zu. Ueberhört er es und bleibt die Blume liegen, so verschwindet augenblicklich sowohl Schatz, als auch Blume.

Daraus soll das spätere „Vergissmeinnicht" als Benennung des zarten Blümleins hergeleitet worden sein.

Victorialis. 111.

Ein angeblich zu Liebeszaubern verwendetes Gewächs, dessen Identität mit einer der heute bekannten Pflanzen nicht mit Sicherheit festzustellen ist.

Wachholder, 112.

ein auch „Queckholder" genannter Baum oder Strauch, der botanisch „Juniperus communis" geheissen, der Gattung der Coniferen eingetheilt ist. Er hat ausgespreizte Aeste und pfriemliche, starre, sehr spitze Nadeln von meergrüner Farbe, die immer zu je dreien stehen. Die zweihäusigen Blüthen kommen in sehr kleinen Kätzchen aus den Blattwinkeln hervor. Aus den Fruchtkätzchen entsteht durch das Verwachsen der fleischigen Deckschuppen eine kleine grüne Beere, die später schwärzlich und in reifem Zustande blau angehaucht ist.

Der Wachholder enthält ein ätherisches Oel von angenehmem Geruche, sowie ein Harz. Die Beeren sind auch ausserdem zuckerhältig, mit einem Beisatze von essigsaueren, schwefelsaueren und salzsaueren Salzen.

Man verwendet das Holz in geraspeltem Zustande zur Herstellung eines Absudes, der gegen Schleimflüsse, veraltete Affectionen der Schleimhäute usw. verordnet wird. Die Beeren sollen dem Volksglauben nach ein harntreibendes Mittel sein. Officinell werden sie als Aufguss bei chronischen, rheumatischen und gichtischen Leiden verwendet.

Nadeln und Beeren werden auch als Räucherkraut zur Reinigung der Luft in Krankenzimmern gebraucht.

Im heidnischen Alterthume zum Verbrennen der Leichen benützt, wurde das Holz und Gestrauch des Wachholder späterhin ein allgemein beliebtes Zaubermittel.

Die Magie bedient sich des Rauches vom Wachholder zum Vertreiben des Ungeziefers, der Schlangen und der bösen Geister. Ein Decoct aus den Beeren des Wachholder verleiht angeblich prophetischen Blick und soll auch gegen böse Einflüsse schützen. Der Blüthenstand der männlichen Kätzchen ist im Liebeszauber und bei nekromantischen Exorcismen genannt.

Wasserdosten, 113.

auch „Wasserhanf, Wassersenf, Kunigundenkraut und Hirschklee" genannt, ist botanisch als „Eupatorium cannabinum" der Gattung der Compositen einverleibt.

Es ist dies eine perennirende, bis fast 2 Meter hohe Pflanze mit gestielten, drei- oder fünftheiligen Blättern von lanzettlicher Form und gesägten Abschnitten. Die röthlich-weissen oder bläulich-rothen in Doldenrispen stehenden Blüthenköpfchen riechen eigenthümlich unangenehm gewürzhaft. Der Geschmack ist schwach bitter.

Die Wasserdoste ist als ein harntreibendes, auflösendes, in grösseren Gaben auch Erbrechen bewirkendes Mittel gegen Anschoppungen in den Unterleibsorganen und bei der Bauchwassersucht beliebt. In der Magie ist diese Pflanze ein Wettermittel und wird zu den sogenannten Krautwischen nebst Palmbuschen und Misteln verwendet.

Weide. 114.

Es ist dies eine der Gattung der Weidengewächse angehörende, unter dem botanischen Namen „Salix" vorkommende, im Volksmunde „Wigge" oder „Wicken" genannte baumbuschige Pflanze. Der Stamm ist holzig und verknotet sich beiläufig in Mannshöhe über dem Erdboden. Von da aus gehen dann die Aeste, genannt Weidenruthen, aus, welche spitzlanzettliche, graugrüne, gesägte Blätter tragen.

Aus der Weidenrinde wird ein in der modernen Medicin vielgebräuchliches Alkaloid, das „Salicin", gewonnen, welches in den mannigfaltigsten Leiden als Ersatz der Chinarinde gegeben wird.

Die Weidenruthen waren schon im Alterthume als Wahrsageholz geschätzt.

Der Zauberglaube nennt die Weide im Allgemeinen als einen Unglück bringenden Baum. Doch soll er auch magisch gegen Verfolgung durch Feinde schützen, wenn ein Zweig desselben unter besonderen Beschwörungssprüchen in die Erde gesteckt wird.

Die Hexen bedienten sich bei ihren Bezauberungen gerne der Weidenruthen und lautete ein bei ihren Beschwörungen häufiger Spruch: „Die Königinmutter hielt eine Ruthe in der Hand."

Das Weidenholz ist als magisches Heilmittel gegen Zahnschmerz beliebt. Man schlitzt zu diesem Zwecke die Rinde des Weidenbaumes durch drei senkrecht zu einander stehende Schnitte (I), von welchen der längste durch die zwei kürzeren begrenzt wird, auf. Dann schneidet man einen Span des Holzes heraus und stochert mit demselben im Zahnfleische des schmerzenden Zahnes, bis die Spitze des Holzes blutig geworden ist. Hieraus wird der Span unter bestimmten Beschwörungsformeln wieder an die Stelle, von der er genommen ist, gebracht, die Rinde darüber zugedeckt und mit Erde, Lehm oder Wachs verklebt, wodurch der Zahnschmerz geheilt werden soll.

Weisse Lilienwurzel. 115.

Es ist dies die Wurzelknolle der als „Lilium candidum" der Gattung der Liliaceen angehörenden „weissen Lilie". Die Zwiebel dieser Pflanze ist eiförmig und mit lockeren blassgelben Schuppen besetzt. Der gegen 3/4 Meter hohe Blumenstengel trägt lanzettliche hellgrüne Blätter, welche unten dichter, oben aber lockerer und kleiner sind. Am Gipfel des Stengels stehen in einer Traube grosse weisse, durch einen besonders angenehmen Wohlgeruch ausgezeichnete glockige Blüthen, welche sechs Blüthenblätter, sechs Staubgefässe mit goldgelben Beuteln und einen Stempel mit hervorragendem grünem Griffel haben.

Die Zwiebelknolle wird im Oriente gebraten gerne gegessen. Sie gilt bei uns in der Volksmedicin als ein harntreibendes Mittel und wird gegen Wechselfieber empfohlen.

In der Magie heisst es, wenn die weisse Lilienwurzel gesammelt wird, während die Venus mit dem Monde im Sternzeichen des Stieres oder der Waage steht, so ist sie ein vorzügliches Mittel, um die Liebe eines weiblichen Wesens zu erwerben. Sie wurde dem entsprechend als Liebeszaubermittel und in Liebestränken verwendet.

Wenn eine Frau sich mit Liliensaft aus einer unter den erwähnten Bedingungen gesammelten Pflanze, der mit Dorantextract gemischt ist, fleissig wäscht, so erhält sie sich stets ihre Jugendschönheit.

Weisswurz. 116.

Eine der Gattung der Smilaxgewächse unter dem Namen „Polygonatum officinale" angehörende Pflanze, welche ein ausdauerndes Kraut mit kriechendem, fleischigem Rhizom und langem, mit abwechselnd zweizeiligen, länglich-eiförmigen bis elliptisch-lanzettlichen Blättern besetztem Stengel ist. Die achselständigen mittelgrossen hängenden Blüthen sind in Traubenform. Die Frucht ist eine blauschwarze Beere.

Der Wurzelstock, der von den früheren blühenden Stengeln zurückgelassene Narben besitzt, enthält „Convallarin" und war als „Salomonssiegel" in früherer Zeit officinell. Er ist heute noch in der Volksmedicin als linderndes, zertheilendes, schleuniges Mittel bei Wunden, Quetschungen und Entzündungen äusserlich im Gebrauch.

Die Magie kennt das Salomonssiegel als eine im ähnlichen Sinne wie die Springwurz gebrauchte Wurzel, welche bei Schatzgräbereien oder zu angeblich geisterfesten Verschlüssen in Verwendung genommen wurde.

Widerthon. 117.

Ein wahrscheinlich mit dem sogenannten Widerton identisches, der Gattung der Laubmoose unter dem botanischen Namen „Polytrichum commune" angehörendes Gewächs.

Dasselbe heisst auch „Haarmoos" oder „goldener Widerton". Es ist hauptsächlich durch eine langgestielte, mit Deckel aufspringende vier- oder sechsseitige Kapsel und durch eine dicht behaarte Haube der Kapsel ausgezeichnet. Die männlichen Blüthen sind endständig, scheibenförmig und werden vom Stengel durchwachsen. Die zähen und steifen Stengel werden an Stelle von Borsten zu Bürsten benützt.

In der Magie spielt der goldene Widerton eine grosse Rolle als Mittel zum Behexen von Weibern und Kindern, was theils durch Verbrennen des Kräutleins unter besonderen Beschwörungsformeln, theils durch Beibringen desselben als Amulet geschehen sein soll.

Es wird demselben auch die Kraft zugeschrieben, getrocknet, mit Zucker zu einem Pulver verrieben und unter gewissen Bedingungen eingenommen, die Jugend des Menschen zu erhalten.

Wohlgemuth. 118.

Dieses gemeine Kraut ist unter dem Namen „gemeine Doste" oder „wilder Majoran" besser bekannt. Es hat in der Botanik den Namen „Origanum vulgare" und gehört der Gattung der Lippenblüthler an. Es besitzt eine fast wagrechte, kriechende Wurzel, einen bis 30 Centimeter hohen Stengel, der steif, rundlich, vielseitig nach oben ästig und von bräunlich purpurrother Farbe ist.

Die Blätter sind breit, stumpf oder etwas spitzlich

ganzrandig, oder auch undeutlich gezähnelt; die Blüthen haben eine rosenrothe, fleischfarbige, mitunter ganz weisse Farbe.

Diese Pflanze ist officinell als Surrogat des chinesischen Thees empfohlen, da sie ein stark und angenehm riechendes, blassgelbes, aromatisches Oel enthält, welches nerven- und verdauungsanregend wirkt.

Die Zauberkunde benützt es als ein Mittel gegen Traurigkeit, was schon aus dem bekannten Volksliede hervorgeht, in dem es unter Anderem heisst:

„Ein Blümchen auf der Haiden,
Mit Namen Wohlgemuth,
Lasst uns der lieb' Gott wachsen,
Das ist für Trauern gut."

Es gilt als besonders wirksam gegen Behexung und Verzauberung, wenn man es bei sich trägt, und soll die Arbeiter, denen es im Essen gereicht wird, beim Arbeiten munter und guter Dinge erhalten.

Wünschelruthe. 119.

Dieses magische Werkzeug muss, obwohl es keiner einzelnen Pflanzengattung angehört, dennoch hier angeführt werden.

Unter „Wünschelruthe, Glücksruthe, Zauberruthe" ist nämlich ein gabelförmiger, mehrere Schuh langer Ast der Weide, Erle, Haselstaude, des Kreuzdorn, der Linde, Birke usw. gemeint.

Der Gebrauch solcher Zwieseläste zu magischen Zwecken ist ein sehr alter. Bereits Cicero erwähnt in seinen Werken einen Zauberstab, in dem ganz leicht die Wünschelruthe zu erkennen ist. Die erste eingehendere Nachricht darüber kommt uns aber erst durch den um das Jahr

1490 lebenden Benedictinermönch Basilius Valentinus zu.

Dieser führt die Zauberruthe als „Caduceum, Heroldsstab, göttliche Ruthe, Jakobsstab, Weissagungsruthe, Baguette" usw. an.

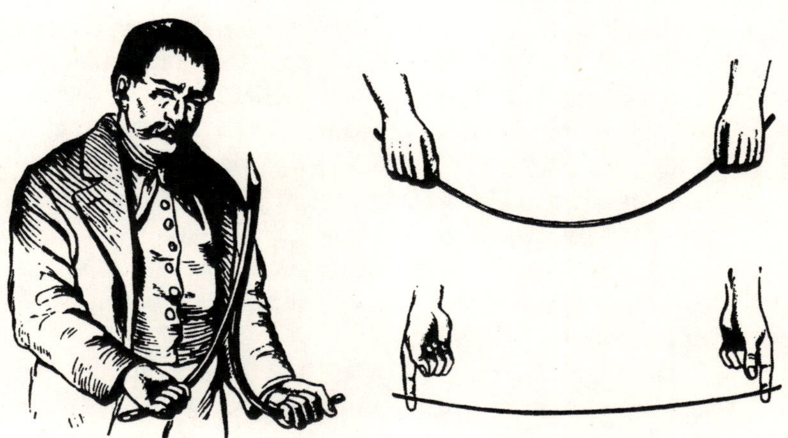

Fig. 5. Fig. 6.
Die Haltung der Wünschelruthe.

In dem „Hermesstab", den der geflügelte Gott der Kaufleute in den Händen hält, ist ebenfalls nur eine Wünschelruthe symbolisirt. Die Wünschelruthe sollte dazu dienen, um in der Erde verborgene Schätze anzuzeigen. In späterer Zeit wurde sie von Bergwerksleuten zur Auffindung von Erzen, Kohlen- und Wasseradern verwendet. Die Verwendung dieses magischen Werkzeuges ist nicht immer die gleiche.

Die gebräuchlichste Art ist, dass der Ruthengänger, d. i. die Person, welche die Wünschelruthe benützt, dieselbe bei den beiden kurzen gabelförmigen Aesten erfasst und derart vor sich hin hält, dass der Stab zum Körper senkrecht von diesem absteht. Man verwendete die Baguette aber auch derart, dass die Ruthe auf dem Rücken der ausgestreckten linken Hand schwebend zu liegen kam. Oder auch wurde ein einfacher Haselstab ohne Zwieselast genommen und leicht in den beiden geschlossenen Händen gehalten. Der Ruthengänger ging nun mit nach abwärts gesenktem Haupte jene Strecken ab, auf welchen er den verborgenen Gegenstand usw. zu suchen hatte. Schlug die Ruthe mit ihrem freien Ende irgendwo zu Boden, so galt dies als der Ort, an dem nachgegraben werden musste. Zur genaueren Bestimmung des Punktes pflegte man wohl Vierecke abzustecken und in diesen diagonal zu gehen und auf diese Art den gesuchten Punkt genauer zu präcisiren.

Die Wünschelruthe soll aber nach Angabe von zauberkundigen Leuten nur dann die ihr zugeschriebene magische Kraft besitzen, wenn sie unter besonderen Beschwörungen usw. geschnitten wird.

So zum Beispiel musste der Ast, aus dem sie geschnitten wurde, derart beschaffen sein, dass die Abend- und die Morgensonne durch die Twielen desselben scheinen konnte, oder auch der Ast musste so stehen, dass die Hörner desselben zur Sommerszeit in der Richtung der Magnetnadel lagen.

Beim Aufsuchen des wunderbaren Zweiges durfte weder auf dem Hin- noch auf dem Rückwege ein Wort gesprochen werden, und musste der Betreffende ganz nackt sein. Besonders der letztere Umstand erschwerte das Auffinden von Wünschelruthen sehr, denn sie sollten in der Christnacht um Mitternacht geschnitten werden, und es mag sichs wohl so mancher überlegt haben, in der rauhen

Fig. 7. Fig. 8.

Fig. 9. Fig. 10.

Die verschiedenen Arten, wie die Wünschelruthe getragen wird.

und kalten Mitternacht gegen Ende December im Schnee stundenlang im Adamscostüm umher zu irren.

Beim Schneiden musste der folgende Spruch hergesagt werden:

„Ich grüsse dich, du edles Reis ! Mit Gott dem Vater such' ich dich, mit Gott dem Sohne find' ich dich, mit Gott des heiligen Geistes Kraft und Macht brech' ich dich. Ich beschwöre dich, Sommerlatte, bei der Kraft des Allerhöchsten, dass du mir wollest zeigen, was ich dir gebiete und solches so gewisslich und wahr, als Maria, die Mutter Gottes, eine reine Jungfrau war, da sie unsern Herrn Christum gebar. Im Namen u.s.f."

Dabei musste sich der Ruthenschneider vor dem Reis dreimal mit gegen Osten gewandtem Gesichte verbeugen und erst dann durfte er den Zweig abschneiden.

Dem Gebrauche der Wünschelruthe liegt die Thatsache zu Grunde, dass es Personen gibt, in deren Hand eine solche Ruthe, wenn man die Ruthenträger über verborgene Metallstücke, Erze usw. gehen lässt, thatsächlich zum Ausschlagen gebracht wird. Diese Fähigkeit des Erkennens solcher verborgener Gegenstände liegt aber natürlich nicht in der Ruthe, sondern in der Sensitivität des betreffenden Menschen, der die Nähe des Metalles, Erzes, Wassers usw. fühlt und durch unwillkürliche und unbewusst bleibende Bewegungen der die Ruthe haltenden Hände diese zum Neigen bringt.

Zaunrübe. 120.

Eine im Volke auch als „Gichtrübe, Hundsrübe, Tollrübe" bekannte, botanisch „Bryonia alba" genannte, und der Gattung der Kürbisgewächse angehörende Pflanze. Dieselbe ist ein rankendes Staudengewächs, mit rübenartigem Wurzelstocke, fünflappigen, gezahnten, mit schwieligen Punkten und scharfen Haaren besetzten Blättern, endlich mit unscheinbaren, einhäusigen Blüthen und schwarzen Beeren.

Sie gilt im Volksglauben als Mittel gegen die Blattern und die Cholera, bei entzündlichen Fiebern und Bisswunden wird sie ebenfalls, zerquetscht aufgelegt, gerne verwendet.

Im Zauberglauben wird sie in den Häusern von den Landleuten als Wetterschutz aufgehängt. Sie spielt auch als Liebeszaubermittel eine grosse Rolle. Die Bauernmädchen, die zum Tanze gingen, legten sich in Scheibchen geschnittene Zaunrübenwurzeln in die Schuhe und besprachen dieselben dabei durch den Satz: „Körfcheswurzel in meinem Schuh, ihr Junggesellen lauft mir zu."

Nachdem die verschiedenen Kräuter und Pflanzen unter den widersprechendsten Bezeichnungen im Volke vorkommen, haben wir es für zweckmässig erachtet, eine Uebersichtstabelle beizufügen, in welcher die zu suchenden Pflanzen unter allen ihren gebräuchlichen Bezeichnungen enthalten sind.

In dieser Tabelle sind die Namen derart angeordnet, dass links der zu suchende Name steht, und rechts die Bezeichnung angeführt erscheint, unter welcher die Pflanze hier abgehandelt ist. Die Namen sind ohne Rücksicht auf die Sprache, der sie angehören, alphabetisch geordnet.

TABELLE DER PFLANZENNAMEN:

Wir wollen, bevor wir zum II. Episode Haupttheile dieses Buches übergehen, noch der astrologischen Botanik einige Betrachtungen widmen und müssen zu diesem Zwecke vorerst die Stellung der Pflanzen in der Astrologie kennen lernen, was im nächsten Abschnitte geschehen soll.

DRITTER ABSCHNITT. * * * * * *

Die Stellung der Pflanzen in der Astrologie. * * * * * * * * * * *

* *

*

Sowie die Pflanzen ja bekanntermassen auch für medicinische Zwecke zu besondern Zeiten gesucht werden müssen, wenn deren einzelne Theile in ihrer vollen Kraft stehen, so ordnet auch die Magie an, dass die Pflanzen, wenn sie für zauberische Zwecke gebraucht werden sollen, zu bestimmten Zeiten, und zwar dann, wenn bestimmte planetare Constellationen eingetreten sind, gepflückt werden sollen.

Die Magie geht dabei von der astrologischen Voraussetzung aus, dass jede Pflanze unter der Herrschaft eines bestimmten Planeten stehe und demnach die magischen Kräfte der betreffenden Pflanze nur dann zu voller Wirksamkeit gelangen können, wenn das entsprechende Gestirn dominirt.

Es ist somit für jene Personen, welche die magischen Kräfte der Pflanzen benützen wollen, von Wichtigkeit, nicht nur zu wissen, welchem Planeten die betreffende Pflanze zugeeignet ist, sondern auch zu welcher Zeit das fragliche Gestirn im Beherrschen ist. Die folgende Tabelle lässt erkennen, welche Pflanzen nach magischer Anschauung jedem Planeten untergeordnet sind.

Saturn. (♄)

Wolfskraut,*) Giftkraut, Scythenlamm, Eppich, Faulholz, Goldwurz, Mannstreu, Melden, Hirtentasche, Hanf, Kappern, Schirling, Kümmel, Cypressen, Flachs, Farnkraut, Bilsenkraut, schwarze Niesswurz, grosse Klettenwurz, Alraun, Maulbeerbaum, Moose, Tamarisken, Opium, Einbeere, Fichte, Engelsüss, Sevenbaum, Salbei, Hirschzunge, Hauswurz, Sennesblätter, Nachtschatten.

Jupiter. (♃)

Mandel, Haselstrauch, Beerbisbeere, Borrago, Ochsenzungenkraut, Ackerminze, Kirschbaum, Hundszungenkraut, Buchsbaum, Feigenbaum, Erdbeere, Esche, Erdrauch, Apfelbaum, Krausminze, Myrobalani, Basilienkraut, Olive, Erdraute, Süssholz, Leberkraut, Gerste, weisse Lilie, Lein, Dosten, Betonienwurzel, Portulac, Pflaumenbaum, Prunellenbaum, Birnbaum, Eichenbaum, Rhabarber, Johannisbeerstrauch, Färberröthe, Sperberbaum. Spicanarden, Beinwell, Weizen, Königskerze, Viole, Weinstock, Mannapalme, Mastixkraut, Storax.

Mars. (♂)

Aron, Knoblauch, Osterlucey, Distel, Zwiebel, Attichwurzel, Wolfsmilch, weisse Niesswurz, Springkorn, Kellerhals, Mispel. Eisenhut, Wegerich, Lauch, Hahnenfuss, Rettig, Hauhechel, Senf, Tormentillwurz, Brennessel, alle Giftpflanzen.

---

*) Die in vorliegendem Werke behandelten Pflanzen sind gesperrt gedruckt.

Sonne. (☉)

Gewürze, Sauerampfer, Buchampfer, Eibischwurzel, Goldblume, Ringelblume, Schöllkraut, Königskrone, Safran, Diptam, Enzian, Granatapfel, Gundermann, Alant, Sonnenblume, Wendel, Johanniskraut, Lawendel, Lorbeer, Majoran, Pappel, Melisse, Palmbaum, Orangenbaum, Citronenbaum, Rosmarin, Sommerthau, Thymian, Eisenkraut, Zittwer, Myrrhe.

Venus. (♀)

Frauenhaar, Coriander, Erdapfel, Fetthenne, Veilchenwurzel, Steinklee, Meerhirse, Narcisse, Wasserlilie, Petersilie, Rose, Sandelkraut, Knabenkraut, Odendel, Melke.

Mercur. (☿)

Anis, Ackelei, Massliebchen, Cubeben, Welschnuss, Wachholder, Andorn, Bingelkraut, Fünffingerkraut, Pestwurz, Bibernell, Lungenkraut, Hollunder, Saturen, Scabiose, Apostemkraut, Huflattich, Ehrenpreis.

Mond. (☾)

Judenkirsche, Rohr, Wasserbunge, Kohl, Kamille, Schwämme, Ysop, Salat, Maiblume, Kresse, Mondkraut, Muscatnuss, Mohn, Portulac, Rüben, Lindenbaum.

Es ist ferner zu wissen nöthig, welchen Planeten die einzelnen Tage der Woche nach astrologischer Anschauung zugewiesen sind und weiters, in welchen Stunden des Tages und der Nacht die einzelnen Planeten herrschen. Diese Daten sind aus den folgenden beiden Tabellen zu ersehen.

I. Die Tagesplaneten.

Von den Tagen der Woche ist der

Sonntag	unter der Sonne	(☉),	
Montag	" des Mondes	(☽),	
Dienstag	" des Mars	(♂),	
Mittwoch	" des Mercur	(☿),	
Donnerstag	" des Jupiter	(♃),	
Freitag	" der Venus	(♀),	
Samstag	" des Saturn	(♄)	Beherrschung.

II. Die Planetenstunden.

Von den Stunden des Tages und der Nacht, welche von Sonnenaufgang gerechnet werden, sind am:

Sonntag:

die 1. Stunde v.d. Sonne, die 2. Stunde v.d. Venus,
die 3. Stunde v. Mercur, die 4. Stunde v. Monde,
die 5. Stunde v. Saturn, die 6. Stunde v. Jupiter,
die 7. Stunde v. Mars, die 8. Stunde v.d. Sonne,
die 9. Stunde v.d. Venus, die 10. Stunde v. Mercur,
die 11. Stunde v. Monde und die 12. Stunde v. Saturn beherrscht.

In der Sonnacht (von Sonnenuntergang gerechnet)

die 1. Stunde v. Jupiter, die 2. Stunde v. Mars,
die 3. Stunde v.d. Sonne, die 4. Stunde v.d. Venus,
die 5. Stunde v. Mercur, die 6. Stunde v. Monde,
die 7. Stunde v. Saturn, die 8. Stunde v. Jupiter
die 9. Stunde v. Mars, die 10. Stunde v.d. Sonne,
die 11. Stunde v.d. Venus, die 12. Stunde v. Mercur beherrscht.

Montag:

die 1. und die 8. Tages-, sowie die 3. und 10. Nachtstunde sind vom Monde,
die 2. und die 9. Tages-, sowie die 4. und die 11. Nachtstunde sind vom Saturn,
die 3. und die 10. Tages-, sowie die 5. und die 12. Nachtstunde sind vom Jupiter,
die 4. und die 11. Tages-, sowie die 6. Nachtstunde sind vom Mars,
die 5. und die 12. Tages-, sowie die 7. Nachtstunde sind von der Sonne,
die 6. Tages-, sowie die 3. Nachtstunde sind von der Venus,
die 7. Tages-, sowie die 9. Nachtstunde sind vom Mercur beherrscht.

Dienstag:

die 1. und die 8. Tages-, sowie die 3. und die 10. Nachtstunde sind vom Mars,
die 2. und die 9. Tages-, sowie die 4. und die 11. Nachtstunde sind von der Sonne,
die 3. und die 10. Tages-, sowie die 5. und die 12. Nachtstunde sind von der Venus,
die 4. und die 11. Tages-, sowie die 6. Nachtstunde sind vom Mercur,
die 5. und die 12. Tages-, sowie die 7. Nachtstunde sind vom Monde,
die 6. Tages-, sowie die 1. und die 8. Nachtstunde sind vom Saturn,
die 7. Tages-, sowie die 2. und die 9. Nachtstunde sind vom Jupiter beherrscht.

Mittwoch:

die 1. und die 8. Tages-, sowie die 3. und die 10. Nachtstunde sind vom Mercur,
die 2. und die 9. Tages-, sowie die 4. und die 11. Nachtstunde sind vom Monde,
die 3. und die 10. Tages-, sowie die 5. und die 12. Nachtstunde sind vom Saturn,
die 4. und die 11. Tages-, sowie die 6. Nachtstunde sind vom Jupiter,
die 5. und die 12. Tages-, sowie die 7. Nachtstunde sind vom Mars,
die 6. Tages-, sowie die 1. und die 8. Nachtstunde sind von der Sonne,
die 7. Tages-, sowie die 2. und die 9. Nachtstunde sind von der Venus beherrscht.

Donnerstag:

die 1. und die 8. Tages-, sowie die 3. und die 10. Nachtstunde sind vom Jupiter,
die 2. und die 9. Tages-, sowie die 4. und die 11. Nachtstunde sind vom Mars,
die 3. und die 10. Tages-, sowie die 5. und die 12. Nachtstunde sind von der Sonne,
die 4. und die 11. Tages-, sowie die 6. Nachtstunde sind vom Mercur,
die 5. und die 12. Tages-, sowie die 7. Nachtstunde sind von der Venus,
die 6. Tages-, und die 1. sowie die 8. Nachtstunde sind vom Monde,
die 7. Tages-, und die 2. und die 9. Nachtstunde sind vom Saturn beherrscht.

Freitag:

die 1. und die 8. Tages-, sowie die 3. und die 10. Nachtstunde sind von der Venus,
die 2. und die 9. Tages-, sowie die 4. und die 11. Nachtstunde sind vom Mercur,
die 3. und die 10. Tages-, sowie die 5. und die 12. Nachtstunde sind vom Monde,
die 4. und die 11. Tages-, sowie die 6. Nachtstunde sind vom Saturn,
die 5. und die 12. Tages-, sowie die 7. Nachtstunde sind vom Jupiter,
die 6. Tages-, sowie die 1. und die 8. Nachtstunde sind vom Mars,
die 7. Tages-, sowie die 2. und die 9. Nachtstunde sind von der Sonne beherrscht.

Samstag:

die 1. und die 8. Tages-, sowie die 3. und die 10. Nachtstunde sind vom Saturn,
die 2. und die 9. Tages-,
sowie die 4. und die 11. Nachtstunde sind vom Jupiter,
die 3. und die 10. Tages-, sowie die 5. und die 12. Nachtstunde sind vom Mars,
die 4. und die 10. Tages-, sowie die 6. Nachtstunde sind von der Sonne,
die 5. und die 11. Tages-, sowie die 7. Nachtstunde sind von der Venus,
die 6. und die 12. Tages-, sowie die 1. und die 8. Nachtstunde sind vom Mercur,
die 7. Tages-, und die 2. und die 9. Nachtstunde sind vom Monde beherrscht.

Nach den vorangeführten Daten ist Jedermann, der sich dafür interessirt, in den Stand gesetzt, sich die Regenten jedes Tages und jeder Stunde des Tages und der Nacht zu bestimmen.

Wir fügen nun noch ein Verzeichniss der in jedem Monate blühenden Pflanzen, sowie jener Pflanzen und Pflanzentheile, die in jedem Monate gesammelt werden sollen, um nach magischer Anschauung im Besitze zauberischer Kräfte zu sein, bei.

Blüthezeit der Pflanzen.

Es blühen im:

Januar:

Die schwarze Niesswurz.

Februar:

Der Kornelkirschenbaum, die Haselstaude und die Nüsse.

März:

Die Märzveilchen, das kleine Schöllkraut, der Schattendorn, das grosse Schöllkraut, der Kornelkirschenbaum, die Niesswurz, das Erdbeerkraut, der Lorbeerbaum, der Huflattich, das Beerwinkelkraut.

April:

Schlehdorn, Buchampfer, gelbe Schwertel, Orange, Gänseblümchen, Taschenkraut, Schöllkraut, Löffelkraut, schwarze Niesswurz, Leberkraut, Waldmeister, Erdbeerkraut, Esche, gemeine Holzwurz, Osterlucey, Storchschnabel, Gundermann, Freisamkraut, Lärche,

Lorbeer, Einbeere, Pfirsichbaum, Pestwurz, Himmelsschlüssel, Lungenkraut, Johannisbeeren, Weide, Knabenkraut, Sinngrün, blauer Veigel, Scorconera.

Mai:

Sauerampfer, Buchampfer, gelbe Schwertel, Odermenig, Sinau, Gauchheil, Bachbunge, Dorant, Ackelei, lange und runde Holzwurz, Orange, das grosse Mausöhrlein, Massliebchen, Natterwurz, Bärenklau, Zaunrübe, Ochsenzunge, Rittersporn, Ringelblume, Geissblatt, Körbelkraut, Kamille, Schöllkraut, gelber Veigel, Löffelkraut, Guldenginsel, Kornblume, Hundszunge, Hagedorn, Kümmel, Waldmeister, Bohnen, Erdbeerkraut, Esche, Erdrauch, Frauenhaar, Ginster, Storchschnabel, Katzenfuss, Freisamkraut, Wachholder, Mangelwurz, Steinleberkraut, Maiblume, Hasenpappel, Honigklee, Meerhirse, Steckrübe, Engelkraut, Seeblume, Klatschrose, Einbeere, Wegerich, Päonie, Weisswurz, wilder Bertram, Fünffingerkraut, Johannisbeere, weisse Rose, Centifolia, Sonnenthau, Rosmarin, Brombeere, Himbeere, Weide, Hollunder, Bibernell, Speichelwurz, Stendelwurz, weisser Steinbrech, Kreuzwurzel, Quendel, Gliedkraut, Schlangentod, Wallwurz, Pompelblume, wilder Senf, Tormentillwurz, Baldrian, Sinngrün.

Juni:

Leberbalsam, Scythenlamm, Odermennig, Sinau, Judenkirsche, Hühnerbiss, Gauchheil, Bachbunge, Dill, Gänserich, Dorant, Ackelei, lange und runde Hohlwurz, Wohlverlei, Krötenmelde, Mausöhrlein, Klettenkraut, Basilienkraut, Massliebchen, braune Bethonie,

Natterwurz, Borrago, Ochsenzunge, Ackerminze, Rittersporn, Ringelblume, Hanf, Geisblatt, Cardobenedicten, Nelken, Tausendguldenkraut, Zwiebel, Kamille, Schöllkraut, gelber Veigel, Wegwart, Schirling, Flachsseide, Kornblumen, Schweinebrot, Hundszunge, Gartendistel, Attich, Waldmeister, Augentrost, rother Steinbrech, Erdbeerkraut, Diptam, Erdrauch, Geisraute, Frauenhaar, Enzian, Storchschnabel, Alant, Katzenfuss, Quarnkraut, Bilsen kraut, Johanniskraut, Freisamkraut, Hasenpfote, Mangolt, Steinleberkraut, weisse Lilie, Frauenflachs, Siebengezeit, Käsepappel, Steinklee, Melisse, Frauenminze, Bingelkraut, Mispel, Bärenwurz, Steinsamen, Schafgarbe, Bärlapp, Flachs, Steckrübe, Katzenminze, Tabak, schwarzer Kümmel, Seeblume, Hauhechel, Doste, Klatschrosen, Durchwachs, Petersilie, Wegerich, Wegbreit, Burzelkraut, Braunellen, wilder Bertram, Polei, Wintergrün, Fünffingerkraut, weisse Rosen, Centifolien, Sonnenthau, Rosmarin, Raute, Salbei, Hollunder, Bibernell, Seifenkraut, Saturei, Scabiose, Braunwurz, Roggen, Kreuzwurz, Quendel, Gliedkraut, Nachtschatten, Speik, Lavendel, Mottenkraut, Schwarzwurz, Rainfarn, Linde, Tormentillwurz, Baldrian, Wollkraut, Mauerpfeffer, Ehrenpreis, Siegwurz, Weinstock.

Juli:

Wermuth, Frauenhaar, Leberbalsam, Hühnerbiss, Eibisch, Gauchheil, Dillenkraut, Angelika, Anis, Giftheil, Wassereppich, Ackelei, Wohlverlei, Melten, Klettenkraut, Basilienkraut, Bethonie, Borrago, Bergminze, Ringelblume, Herzgespan, Cardobenedicten, Eberwurz, wilder Safran, Springwurz, Tausendguldenkraut, Zwiebel, Gamander, Schlafkraut, Römische Kamillen, Schöllkraut, Hindlauf, Wegwarte, Schirling, Coriander, Flachsseide, Hundszunge, Kardendistel, Attich, Endivie, Waldmeister, Herzklee, Augentrost, Fetthenne, rother Steinbrech, Farnkraut, Bilsenkraut, Johanniskraut, Ison, Meisterwurz. Hasenklee, Liebstöckel, Steinleberkraut, Frauenflachs, Siebengezeit, Majoran, weisser Andorn, Metterkraut, Steinklee, Melisse, Krauseminze, Frauenminze, Bingelkraut, Bärendill, Brunnkresse, Katzenkraut, Tabak, schwarzer Kümmel, Hauhechel, Doste, Mohn, Tag- und Nachtkraut, Vogelnest, Flohkraut, Petersilie, wilder Bertram, Poley, Wintergrün, Sonnenthau, Färberröthe, Salbei, Hollunder, Saturei, Braunwurz, Kreuzwurz, Quendel, Gliedkraut, Nachtschatten, Lavendel, grosser Baldrian, Teufelsabbiss, Rainfarn, welscher Quendel, kretischer Thymian, Wollkraut, Eisenkraut, Mauerpfeffer, Ehrenpreis, Schwalbenwurz, Goldkraut, grosse Brennessel, Heiternessel, Taubnessel.

August:

Stabwurz, Wermuth, Leberbalsam, Eibisch, Tausendschön, Dillen, kleines Klettenkraut, Borrago, Eberwurz, wilder Safran, Tausendguldenkraut, Schafkraut, Flachsseide, Hederich, Wasserdoste, Augentrost, Fetthenne, Fenchel, Ysop, Meisterwurz, Frauenflachs, Siebengezeit, Hopfen, Majoran, Herbstrose, Hirse, Balsamapfel, Brunnenkresse, Vogelnest, Flohkraut, Petersilie, Bibernell, Wegtritt, Braunellen, Herzpoley, Salbei, Spinat, Teufelsabbiss, Königskerze, Eisenkraut, Schwalbenwurz, goldenes Wundkraut.

September:

Tausendschön, Borrago, Baum-Epheu, Teufelsabbiss, Wundkraut.

October:

Wundkraut.

November:

Egyptischer Schottendorn.

Einsammeln der Kräuter und Pflanzenbestandtheile.

Man sammelt im

Januar:

Blüthe, Kraut und Wurzel der schwarzen Nieswurz.

Februar:

Die Würstchen von den Haselstauden, dann den Saft, der beim Anzapfen aus dem Nussbaum ausrinnt.

März:

Die Wurzeln von:

Goldwurz, Benedictenkraut, Attich, Wolfsmilch, Holzwurz, Osterlucei, Bilsenkraut, Meisterwurz, blaue Lilie, Liebstöckel, Hasenpappel, Bärenwurz, Hauhechel, Pestwurz, Saufenchel, Pfingstrose, Meerrettich, Knabenkraut, Braunwurz, blaue Viole, Singrün, Christwurz.

Das Kraut von:

S c h ö l l k r a u t, Löffelkraut, G u n d e r m a n n, Hopfen, Brunnkresse, H i m m e l s s c h l ü s s e l.

Die Rinde von:

Schlehdorn, Zehrwurz und Zapfenholz, sowie E s ch e und W e i d e.

Den Saft von:

B i r k e n, Nusswurzel.

April:

Die Wurzeln von:

Sauerampfer, Asant, Eibisch, Haselwurz, Spargel, G o l d w u r z, grosse Klettenwurzel, Natterwurz, Borrago, Z a u n r e b e, F e t t h e n n e, Steinbrech, E b e r w u r z, B i l s e n k r a u t, weisse Diptam, Mangold, Liebstöckel, w e i s s e L i l i e, Maiblume, Haselpappel, S ch a f g a r b e, Petersilie, Bibernell, Weisswurz, Engelsüss, Bertram, Fünffingerkraut, Mausdarm, S c a b i o s e n, Schwarzwurz, Schlangenmordkraut, Pompelkraut, Tormentill, Huflattich, B a l d r i a n, S i e g w u r z-W e i b l e i n, S ch w a l b e n-w u r z und Calmus.

Das Kraut von:

Bachbungen, Sauerach, Bärentatze, Löffelkraut, C y p r e s s e n, G u n d e r m a n n, Freisamkraut, Engelkraut, Lungenkraut, Seifenkraut, Pompelkraut, Bathengelkraut, S i n n g r ü n.

Die Blüthen von:

Schlehdorn, Gänseblumen, gelbe Veigel, Pfirsich, H i m m e l s s c h l ü s s e l, Pompelkraut, S i n n g r ü n, blaue Veilchen, Löffelkraut.

Die Rinde von:

Sauerach, B i r k e, Borragowurzel, Ochsenzungwurzel,

Bilsenkrautwurzel, Hollunder, Kirschbaum.

Den Saft von:

Birken und Weinstöcken.

Ferner noch:

Haselstaudenwürstchenmehl, Baummoos, grüne Zapfen von den Fichten, Eichentrauben von der Eichenwurzel, Hollunderschwämme.

Mai:

Die Wurzeln von:

Angelica, Queckengras, Steinbrech, Huflattich, Schwalbenwurz.

Das Kraut von:

Widerton, Sinau, Hühnerdarm, Gänserich, Dorant, Holzwurz, Haselwurz, Mausöhrlein, Gänseblume, römisches Kohlkraut, Bethonien, Natterwurz, Rittersporn, Löffelkraut, Schuppenwurz, Waldmeister, Erdbeeren, Erdrauch, Gundermann, Katzenfuss, Bilsenkraut, Freisamkraut, Frauenflachs, Hasenpappel, weissen Andorn, Mutterkraut, Steinklee, Krauseminze, Frauenminze, Engelkraut, Bibernell, Wegerich, Fünffinger, Mauerrauten, Kreuzwurz, Nachtschatten, Pompel, Senf, Bathengel, Tormentill, Baldrian, Kamillen.

Die Blätter von:

Ackelei, Borrago, Bärentatze, Ochsenzunge, Bergminze, Ringelblume, Geissblatt, Cardobenedicten, weissen Kümmel, Körbel, Schöllkraut, Wegwarten, Cypressen, Endivien, Leberkraut, Rossschwanz, Wasserdosten, Aurin, Scharlachkraut, Bilsenkraut, Ysop, Freisam, Mispelbaum, Melissengipfel, Schafgarben, Katzenminze, Seeblumen, Hauhechel, Dosten, Pfirsichbaum, Petersilie, Braunellen, Bertram, Eiche, Sevenbaum, Weinrauten, Bibernell, Scabiosen, Saudistel, Rainfarngipfel, Königskerzen, Eisenkraut, Ehrenpreis, Wunderkraut, Weinstock, Beifussgipfel, Herzgespan.

Die Blüthen von:

Orangen, Granatbaum, Ochsenzunge, Ringelblume, Geissblatt, Herzgespan, Schöllkraut, gelbem Veigel, Kornblumen, Hagebutten, Bohne, Genserkraut, Salat, Klatschrosen, wildem Ampfer, Pfingstrosen, weissen Rosen, Rosmarin, Färberröthe, Hollunder, 'Steinbrech, blaue Violen.

Ferner noch:

Wurzelrinde vom Borrago, Hagebuttenschwamm, Wachholderschwamm, Maulbeerbaumsaft.

Juni:

Die Wurzeln von:

Scharbockkraut, gelbem Veigel, Mannstreu, Färberröthe.

Das Kraut von:

Widerton, Odermennig, blühendem Sinau, Bachbungen, Gänserich, Dorant, Ackelei, Hohlwurz, Wohlverlei, Massliebchen, Bethonien, Natterwurz, Ackerminze, Rittersporn, Körbelkraut, Bathengel, Kamillen, Schöllkraut, Guldengünsel, Hundszunge, Augentrost, Geissraute, Harnkraut, blühend Johanniskraut, Hasenpfötlein, Steinleber, Frauenflachs, Siebengezeit, Majoran, weissem Andorn, Meterkraut, Honigklee, Melissen, Krauseminze, Bingel, Schafgarbe, Bärlapp, wildem Poley, Heuhechel, Dosten, Klatschrose, Tag- und

Nachtkraut, Durchwachskraut, Flohkraut, Petersilie, Bibernell, Wegerich, Burtzel, Braunelle, Saturay, Scabiose, Knoblauch, Kreutzwurz, Quendel, Mottenkraut, Mauerpfeffer, Ehrenpreis, Tausendguldenkraut.

Die Blätter von:

Eibisch, Wassereppich, Beifuss, Spargel, Basilien, Geissblatt, Cardobenedicten, Herzgespan, Schirling, Attich, Wasserdosten, Fenchel, Scharlachkraut, Rosmarin, Rautengipfel, Weide, Saudistel.

Die Blüthen von:

Leberbalsam, Dillen, Basilienkraut, Ochsenzungen, Ringelblume, Borrago, Geissblatt, Nelken, römische Kamillen, Hindlauf, Wegwarten, Schirling, Kornblume, Saubrot, Ginster, Alant, Scharlach, weisse Lilie, Seeblumen, Salbei, Hollunder, Spicanard, Lavendel, Rainfarn, Linden, Königskerze, Baldrian.

Die Samen von:

Löffelkraut, Mohrenkümmel, Vogelnest, Farnkraut, Schlangenmord, Violen, weissem Köningskraut, Sauerampfer.

Ferner noch:

Hagebuttenschwämme, grüne Nüsse.

Juli:

Die Wurzeln von:

Gelber Schwertel und Meerzwiebel.

Das Kraut von:

Gänserich, Wassereppich, Bethonien, Ackerminze, Tausendguldenkraut, Bathengel, Schlafkraut, Flachsseide, Diptam, Mannstreu, Hederich, Augentrost, Ziegenrauten, blühend Johanniskraut, Meisterwurz,

Katzenklee, Liebstöckel, Frauenflachs, Siebengezeit, M a-j o r a n, w e i s s e m A n d o r n, Meterkraut, Rainklee, Melisse, B i n g e l, S c h a f g a r b e, Brunnkresse, Katzenminze, Tabak, H a u h e c h e l, D o s t e, Vogelnest, Wegerich, Wegtritt, Braunelle, Herzpolei, S o n n e n t h a u, Scordien, K r e u t z w u r z, A b b i s s k r a u t, Q u e n-d e l, T h y m i a n, E i s e n k r a u t, Gülden Wundkraut, grosse Brennessel, Heiternessel, Taubnessel (blühend).

Die Blätter von:

Stabwurzgipfel, W e r m u t h g i p f e l (blühend), Basilien, Traubenkraut, Taschenkraut, Schöllkraut, S ch i e r-l i n g, H e r z k l e e, W i n t e r g r ü n, Saudistel.

Die Blüthen von:

Eibisch, Basilienkraut, Borrago, Ringelblume, S ch ö l l-k r a u t, blauem Wegewarten, S ch i e r l i n g, Herzklee, A l a n t, S a l b e i, Speik, Lavendel, R a i n f a r n.

Die Samen von:

Sauerampfer, Dillen, A n g e l i c a, Wiesenkümmel, Endivien, B o ck s h o r n, B ä r l a p p, Heiternessel.

August:

Die Wurzeln von:

G e l b e r S ch w e r t e l, W a s s e r e p p i ch, Natterwurz, Benedicten, S ch ö l l k r a u t, Hindlauf, Wegewarten, Saubrot, Hundszunge, E n z i a n, Mönchskopf, K ö n i g s k e r z e, Viole, Bärenwurz.

Das Kraut von:

Gänserich, A ck e l e i, Borrago, S ch l a f k r a u t, Ysop, Frauenflachs, Siebengezeit, M a j o r a n, Brunnkresse, Wegtritt, Braunelle, Herzpolei, S i n n g r ü n.

Die Blätter von:

E p h e u, Stabwurz, W e r m u t h, Sauerampfer, Traubenkraut, Cardobenedicten, Aurin.

Die Blüthen von:

W e r m u t h g i p f e l, Eibisch, Ysop, Herbstrosen.

Die Samen von:

Leberbalsam, A n g e l i c a, Anis, W a s s e r e p p i c h, Cardobenedicten, Mariendistel, Safran, Springkraut, Gurken, B o c k s h o r n, Vogelzungen, G i n st e r, Salat, Liebstöckel, M o h n, Durchwachs, P ä o n i e n, Bauernsenf, Heiternessel.

Ferner noch:

Sauerampfer-Wurzelrinden, T o l l k i r s ch e n, Kürbisfrucht, Quittenäpfel, Bohnen, W a ch h o l d e r b e e r e n, unreife Mispeln, Hirse, Meerhirse, Maulbeeren, E i n b e e r e n, Brombeeren, Hollunderbeeren, S p e y r l i n g.

September:

Die Wurzeln von:

Calmus, Eibisch, W a s s e r e p p i c h, Osterlucei, S ch ö l l k r a u t, Hindlauf, Wegewarten, Eselskürbis, Saubrot, rothem Steinbrech, F a r n k r a u t, E n z i a n, Süssholz, Queckengras, A l a n t, Pestwurz, Haarstrang, Mausdorn, B a l d r i a n.

Das Kraut von:

Hühnerdarm, Spargel, Tag- und Nachtkraut, Flohkraut, S i n n g r ü n.

Die Blätter von:

Bergminze, Mariendistel, C h r i st w u r z, Milzkraut.

Die Samen von:

Leberbalsam, Keuschlamm, Borrago, Traubenkraut, Hanf, Gurken, Rauten, Hederich, Fenchel, Ziegenrauten, Bilsenkraut, wildem Mangold, Liebstöckel, Leinsamen, Melonen, Steckrüben, schwarzem Kümmel, Vogelnest, Bibernell, Wegerich, Burzelkraut, Petersilien, Schlingbaum, Wunderbaum.

Ferner noch:

Spargelbeeren, Mispeln, Pfirsichkerne, Eicheln, Wacholderbeeren, Wegdornbeeren.

October:

Die Wurzeln von:

Hundskürbis.

Das Kraut von:

Bingelkraut, wildem Burckart, Eisenkraut, Wegewarten, Teufelskraut, Wachholder, Raute, Pfefferkraut, wildem Wohlgemuth und Mistel.

Die Blätter von:

Melden und Christwurz.

Ferner noch:

Berberitzenbeeren, Hagebutten, Lorbeeren, Mispelkörner, Schlehbeeren, kleine Kletten, Weinreben, Pfeffer.

November:

Hagebutten, Scabiosenwurzeln und Eichenmistel.

December:

Epheubeeren.

Wir haben in dieses Namensverzeichniss absichtlich nicht nur die Namen jener Pflanzen aufgenommen, welche vorher unter den Zaubermitteln besprochen worden sind, sondern die für Mitteleuropa wichtigsten Pflanzen, weil wir voraussetzen, dass es manchem unserer geneigten Leser, welcher sich mit dem Einsammeln von Pflanzen zu Hausmittelzwecken befassen will, nicht unangenehm sein wird, ein Nachschlagebuch zu haben, in dem er die richtige Zeit zum Einsammeln der einzelnen Pflanzen und Pflanzentheile ersehen kann. Diese Daten finden sich in fast keinem der modernen Lehrbücher der Botanik, weshalb wir selbe hier systematisch und übersichtlich geordnet beigefügt haben.

Die im vorhergehenden Zauberpflanzenverzeichnisse angeführten Gewächse sind in diesem Verzeichnisse durch gesperrten Druck ersichtlich gemacht.

Wir sind damit mit der Besprechung der bekannteren, im Zauberglauben verwendeten Pflanzen zu Ende gekommen und wollen unsere Aufmerksamkeit nunmehr den zu Salben und Räucherungen verwendeten Pflanzentheilen zuwenden.

VIERTER ABSCHNITT. * * * * *

Zaubersalben und Räuchermittel.

* *
*

Wenn man die Geschichte der älteren Magie und die des Hexenwesens studirt, so ist es auffällig, dass an vielen Orten von Salben, Räucherungen und Zaubertränken u.s.w. die Rede ist, welche von den vermeintlichen Zauberern, Nekromanten und Hexen, bevor sie sich an die Ausübung ihrer angeblichen Zaubereien begaben, theils zu Einreibungen am Körper, theils zum Räuchern der für die vorzunehmende magische Handlung bestimmten Räume, theils auch innerlich als Getränk verwendet wurden.

Wir haben bereits in der Einleitung unseres Buches angeführt, dass in Indien, der Wiege der Menschheit, seit urdenklichen Zeiten die Brahmanen sich eines unter besonderen Feierlichkeiten zugerichteten Trankes, des sogenannten „Somatrankes", bedienten.

Der Genuss dieses Getränkes, das zum grössten Theile aus dem Milchsafte der uns bereits als Asclepias acida, oder Cynanchym viminale bekannten Pflanzen besteht, beeinflusst durch seine narkotischen Bestandtheile das Nervensystem in hochgradig erregender Weise, so dass die Brahmanen dadurch in einen Zustand der Ekstase versetzt werden.

Das „A m r i t t a", die „A m b r o s i a" und die „M a n n a" scheinen ebenfalls Zusammensetzungen von narkotischen Stoffen gewesen zu sein und ähnlich gewirkt zu haben.

Bei den Lappen, Tungusen und Kamtschadalen wird eine Art F l i e g e n s c h w a m m, dessen Art aber nicht genauer bekannt ist, dazu verwendet, um einen eigenthümlichen narkotischen Schlaf zu erzeugen, während dessen die Betreffenden Visionen und Träume angenehmer Art haben.

In ähnlicher Weise wirken auch die Abkochungen von Stechapfel, Eisenhut und Bilsenkraut, welche im Hexenwesen vielfach genannt werden.

Der berühmte mittelalterliche Arzt B a p t i s t a v o n H e l m o n t berichtet, dass er mit E i s e n h u t an sich selbst Versuche angestellt und dabei gefunden habe, dass diese Pflanze Somnambulismus zu erzeugen im Stande sei.

Als er einst die Wurzel des Eisenhut blos roh zubereitete und nur mit der Zungenspitze davon verkostete, hatte er bald das Gefühl, als wenn ihm der Schädel von Aussen wie mit einem Bande zusammengeschnürt sei. Bald darnach stellte sich bei ihm ein Zustand von Gedankenlosigkeit ein, der aber von einer Erhöhung der Wahrnehmungsfähigkeit begleitet war. Gleichzeitig hatte er die Empfindung, als ob er nicht mit dem Kopfe, sondern mit der Magengrube denken würde. Nach den ersten zwei Stunden überfielen ihn dann mehrere Schwindelanfälle, mit welchen der abnorme Zustand sein Ende erreichte.

Vielfach werden durch diese Mittel auch hypnotoide, das ist hypnoseartige Zustände erzielt. So berichtet z. B. der ebenfalls bekannte Schriftsteller P o r t a in seiner „Magia naturalis", dass er, um solche künstliche Schlafzustände zu erzielen, einen Decoct von einer Drachme Tollkirschen- oder Stechapfelrinde in Wein benutzt habe.

Er will auch aus denselben Pflanzen auf nicht näher angegebene Weise ein Wasser destillirt haben, welches bei innerlichem Gebrauche einen viertägigen Betäubungszustand hervorruft, ohne weiter zu schaden.

Die im 16. Jahrhunderte so gebräuchlichen sogenannten „Bisamknöpfe", welche zu ähnlichen zauberischen Zwecken benützt wurden, bestanden nach Porta aus einer Mischung von Opium, Mandragora, Schierlingssaft, Bilsenkrautsamen und Moschus.

Porta will aus den eben genannten Pflanzen ebenfalls wieder ein Wasser destillirt haben – leider erwähnt er nirgend, wie? – welches, in bleiernen Gefässen aufbewahrt, wenn man dazu roch, sofort einschläferte und nach dem Erwachen keine üblen Nachwehen hinterliess.

Der genannte Gewährsmann giebt ferner an, dass, wenn man Mandragorawurzel einen Tag mit Most vergähren lasse und nach zweimonatlichem Ablagern davon einnehme, dadurch ein eintägiger Wahnsinnszustand hervorgebracht werde, welcher ebenfalls keinen weiteren gesundheitlichen Schaden brächte.

Mann kann derlei Beschreibungen bei Agrippa, Paracelsus und vielen anderen Aerzten und Schriftstellern des Mittelalters auffinden. Uns zunächst liegen sowohl der Zeit nach, als wegen der vielfachen actenmässigen Beglaubigung, die im Hexenwesen zu ähnlichen Zwecken gebrauchten narkotischen Pflanzenmittel.

Die Hexen sollen sich nämlich, bevor sie sich zur vermeintlichen Fahrt nach dem Blocksberge zum Hexensabbathe anschickten, in der Regel mit besonderen Salben gesalbt haben, darauf in einen bewusstlosen Zustand gefallen sein, während dessen sie die dem Hexensabbath angedichteten groben Unzukömmlichkeiten begangen haben wollen.

Wenn den Hexenverfolgungen des Mittelalters kein anderes Verdienst zuzuschreiben ist, so kann doch das Eine nicht bestritten werden, dass durch die bei den Hexenprocessen vorgenommenen Untersuchungen wenigstens Das sichergestellt wurde, dass die Hexen, sowie sie ihre Tränke oder Salben gebraucht hatten, in einen tiefen und unruhigen Schlag verfielen, aus dem sie erst nach einigen bis mehreren Stunden in total erschöpftem Zustande – wie zerschlagen – wieder erwachten.

Einige aufgeklärtere Hexenrichter veranlassten nun ihre Inculpatinnen, sich vor ihnen mit der erwähnten Salbe einzureiben, um zu constatiren, was dann geschieht.

Wir wollen Curiosums halber einen Bericht über einen solchen Versuch, der wohl in das Ende des 14. Jahrhunderts zu verlegen ist und der vom schwäbischen Dominicanermönche Johann Nider aufgeschrieben wurde, wiedergeben.

Der Bericht lautet:

„Ein gewisser Geistlicher hatte gepredigt, dass die Hexenfahrt nicht wahrhaft und körperlich, sondern nur in der Phantasie oder wenigstens wie im Traume vor sich zu gehen pflege, und dass sich deshalb die Hexen einbildeten, sie würden an fremde Orte getragen und sähen und hörten und thäten dort allerlei, wass sie nachher Andern erzählten und anvertrauten. Eine alte Zaubervettel nahm diese Verachtung ihrer magischen Kunst übel, redete den Geistlichen beim Verlassen der Kirche an und erbot sich, ihm thatsächlich zu beweisen, dass die Hexenfahrt kein Traum sei, wenn er sie nach Hause begleiten wolle. Der Geistliche begleitete sie. Darauf setzte sie sich in einem Backtroge auf eine Bank und salbte sich. Sie schlief bald ein und bewegte sich im Schlafe lebhaft, warf die Hände in die Höhe, als ob sie fliegen wolle, war sehr unruhig und sprang, als ob sie tanzen wolle. Sie trieb dies eine Zeitlang, bis sie aus dem Backtroge – welcher umfiel – auf die Erde herabstürzte. Als sie hier eine Zeitlang gelegen war, bewegte sie sich und sprach erwachend: „Jetzt hast du mich wirklich fortfliegen und wiederkehren sehen?" – „Jawohl" – sagte der Priester, „bist du fortgeflogen! Du hast in einem Backtrog liegend geschlafen, bist darauf auf die Erde gefallen, wo du eine Zeitlang gelegen hast, bis du erwachtest. Berühre den oberen Theil deines Auges, welchen du dir durch den Fall blutig geschlagen hast." – So wurde die alte Vettel von ihrem falschen Wahne geheilt und der Geistliche ging von dannen, bestärkt in seiner Meinung, dass die Hexenfahrt ein Unding sei." –

Dr. Bartholomäus de Spina, Predigermönch und Magister des päpstlichen Palastes, schrieb 1525:

„Zuerst ist anzuführen, was dem grossen Fürsten N. begegnete und wovon noch Augenzeugen leben. Als nämlich eine Hexe in dem dortigen Inquisitionsgefängnisse gefangen gehalten wurde, welche bekannte, dass sie oft genug auf der Fahrt gewesen sei, wünschte jener Fürst zu erfahren, ob dies Wahrheit oder vielmehr Einbildung sei. Er liess den Inquisitor rufen und brachte ihn endlich dahin, dass er erlaubte, dass die Hexe sich in seiner Gegenwart und der des Hofes mit ihrer gewöhnlichen Salbe salbte, damit sie sähen, wie und ob sie von dem sichtbar oder unsichtbar erscheinenden Teufel durch die Luft auf der Hexenfahrt getragen werde. Als der Inquisitor dies erlaubt hatte, rühmte sie sich vor dem Hofe, dass die auf die Fahrt gehen oder vom Teufel davongetragen werden würde, wenn sie sich einsalbe. Sie salbte sich gründlich und blieb unbeweglich stehen, ohne dass sich etwas Ungewöhnliches ereignet hätte."

Porta beschreibt in seiner „Magia naturalis" folgenden Fall:

„. . . . Da ich nicht wusste, was über die Sache zu denken, machte ich absichtlich die Bekanntschaft eines alten Weibes von der Art, welchen man nachsagt, dass sie des Nachts in die Häuser gehen und den in der Wiege liegenden Kindern das Blut aussaugen. Als ich sie nun ernstlich über einiges ausfragte, sagte sie, sie wolle mir im Moment darauf Antwort geben. Darauf hiess sie mich und die Andern, die ich als Zeugen mitgebracht hatte, aus der Stube gehen, zog sich nackt aus und rieb sich über und über mit der Salbe stark ein, wie wir durch eine Ritze in der Thüre sehen konnten. Durch die Macht derselben sank sie sofort nieder und fiel in einen tiefen Schlaf. Wir öffneten darauf die Thüre und fanden die Betäubung, in der sie lag, so stark, dass sie von den Schlägen, welche wir ihr gaben, gar nichts merkte, so tief war der Schlaf. Wir gingen wiederum hinaus, bis die narkotische Salbe ihre Wirksamkeit verloren hatte. Als sie nun erwacht war, erzählte sie Wunderdinge, wie sie über Berge und Meere gefahren sei u.s.w. Was wir ihr auch dagegen sagen mochten, blieb ohne Wirkung auf sie, und als wir ihr die blauen Flecke zeigten, die wir ihr im Schlafe geschlagen hatten, so widerstand sie uns noch halsstarriger."

Aus den vorstehenden drei Geschichten geht hervor, dass die Hexensalben narkotisch wirken, dass die sich

Salbenden, davon betäubt, in Schlaf verfallen, während desselben empfindungslos sind und nach dem Erwachen über verschiedene angeblich erlebte Dinge zu berichten wissen, unter welchen das Gefühl des Fliegens sowie sexuelle Empfindungen obenanstehen.

Betrachten wir die in den Hexensalben enthaltenen narkotischen Pflanzenbestandtheile, so finden wir, dass denselben thatsächlich die Erregung solcher Gefühle sowie Schlaferzeugung und Hervorbringung von Visionen zukommt.

Wir können die Hexenmittel oder, umfassender gesagt, die narkotischen Zaubermittel in Salben, Tränke und Räucherpulver eintheilen und wollen nun der Zusammensetzung derselben gedenken, wobei wir jedoch ausdrücklich bemerken, dass das Hantiren mit denselben gesundheitsschädlich ist und sowohl für den Körper als auch den Verstand grosse Gefahren mit sich bringen kann, weshalb vor ähnlichen Experimenten auf das Dringendste zu warnen ist.

Die Hexensalben.

Dieselben wurden am ganzen Körper, vorwiegend aber in der Magengrube, den Achselhöhlen und den Schläfen eingerieben.

Ein Recept lautet:

„W a s s e r e p p i c h, E i s e n h u t, P a p p e l k n o s p e n und Russ mit Oel vermischt und zu einer Salbe angerieben."

Ein anderes Recept:

„W a s s e r e p p i c h, Wurzel der gelben S c h w e r t e l, F ü n f f i n g e r k r a u t und T o l l k i r s c h e werden mit Oel verrieben und mit Fledermausblut zur Salbenconsistenz gebracht."

Ein drittes Recept:

„Nimm die Samen vom Taumellolch, Bilsenkraut, Schierling, rothem und schwarzem Mohn, Giftlattich, Portulacana, je vier Theile, Tollkirschenbeeren ein Theil, und bereite mit Oel daraus eine Salbe."

Ein viertes Recept:

„Mondraute, Eisenkraut, Bingelkraut, Fetthenne, Frauenhaar und Cichorie werden mit Unguentum Pharelis (ein bestimmtes Fett) zu einer Salbe angerieben."

Ein weiteres Recept:

„Mohn, Nachtschatten, Cichorie und Schierling werden mit Rinderfett, Katzenfett, Hundsfett, Wolfsfett, Eselsfett u.s.w. zu einer Salbe angerieben."

Die Zaubertränke.

Hierher gehört in erster Linie der bereits mehrfach erwähnte „Somatrank" der Inder.

Was die sonstigen Zaubertränke anbelangt, so unterscheiden sich dieselben von den Zaubersalben nur dadurch, dass die betreffenden Pflanzen, anstatt mit Oel oder Fett zur Salbenconsistenz verrieben zu werden, mit Wasser gekocht oder mit irgend einem Spiritus ausgezogen wurden und dass man dieselben, anstatt den Körper damit einzureiben, innerlich einnahm oder eingab.

Die Liebestränke mussten in der Regel als spirituöse Decocte oder Destillationsproducte verwendet werden, weil es dabei darauf ankam, ein möglichst geringes Quantum unter den Trank oder die Speisen des zu Bezaubernden zu bringen.

Räucherpulver.

Räucherpulver wurden von der europäischen Magie in der Regel meist nur zu nekromantischen Zwecken verwendet und bringt Hofrath von Eckartshausen in seinen „Aufschlüssen zur Magie" folgende drei Recepte:

1. „Schierling, Bilsenkraut, Safran, Aloë, Opium, Mandragora, Nachtschatten, schwarzer Mohnsamen, Saft vom Sumpfeppich, Asa foetida und Sumpfporst, gemischt und verkleinert, auf die Räucherpfanne geworfen";

2. „Bilsenkraut, Coriander, Eppich und schwarzer Mohnsamen";

3. „Coriander, Eppich, Bilsenkraut und Schierling. (Verwendung bei 2 und 3 wie bei 1.)

Eckartshausen verlangt, um die volle Wirkung der Räucherung zu erzielen, die Einhaltung folgender Bedingungen:

1. Enthaltung von allen heftigen Leidenschaften durch acht Tage.

2. Absolute Nüchternheit durch acht Tage.

3. Möglichste Einsamkeit.

4. Meidung des Umganges mit dem anderen Geschlechte.

5. Lesen über die Vergänglichkeit des Lebens.

6. Tägliches Denken an die zu beschwörende Person, deren Geist erscheinen soll. Erinnerung an den gesellschaftlichen Umgang mit demselben, Beten für denselben.

7. Handelt es sich um eine lebende Person, so darf die Stunde der Citation keine solche sein, in der die betreffende Person im Gebete, in einer tugendhaften Handlung oder einer sonstigen pflichtmässigen Verrichtung ihres Standes begriffen ist.

* *
*

Es wird überhaupt bei allen magischen Handlungen vorausgesetzt, dass die Personen, welche dabei activ einzugreifen haben, sich drei bis acht Tage vor und nach den betreffenden Beschwörungen grösster Ascese zu befleissigen haben.

Dass diese Vorbereitungsmassregeln dazu geeignet sind, den Organismus den Nekromanten gegen die narkotischen Wirkungen der Räucherung empfindlicher zu machen, ferner seine Phantasie auf's Höchste zu erregen, ist natürlich, so dass es gar nicht wunderbar erscheint, wenn der Betreffende dann Visionen und Hallucinationen erhält, welche er für reelle objective Erscheinungen hält.

Wir wollen, bevor wir diesen Abschnitt schliessen, nur noch bemerken, dass man als Mittel, um sich gegen den schädlichen Einfluss der giftigen Räucherungsdämpfe zu schützen, das vor Mund und Nase Halten eines essiggetränkten Schwammes, sowie das Werfen von Schwefelstückchen in die Räucherpfanne empfohlen hat.

FUENFTER ABSCHNITT * * * * * * *

Magische Behandlung der Pflanzen.

* *
*

Wir haben im ersten Abschnitte unseres Buches die Pflanzen in Bezug auf deren Verwendung zu zauberischen Zwecken betrachtet und müssen nun auch der zauberischen Behandlung der Pflanzen unsere Aufmerksamkeit zuwenden.

Da giebt es besonders zwei Thatsachen zu berücksichtigen, nämlich den Einfluss, welchen magische Behandlung auf lebende Pflanzen ausübt, und dann eine Behandlung zerstörter Pflanzen auf magische Weise zum Zwecke der Wiederherstellung derselben.

Wir wollen das erstere als „Magisches Pflanzenwachsthum," das zweite als „Pflanzenpalingenesie" (Magische Wiederherstellung von Pflanzen) bezeichnen und jede dieser beiden Erscheinungen getrennt besprechen.

DAS MAGISCHE PFLANZENWACHSTHUM.

Die Magie behauptet, unter anderen Geheimnissen auch jenes der Beschleunigung des Pflanzenwachsthums zu besitzen.

Wennschon uns aus dem Alterthume keine genauen Daten über derlei Vorkommnisse zur Verfügung stehen, so bietet uns doch das Mittelalter und selbst die Neuzeit eine grosse Anzahl von einschlägigen Beispielen.

So berichtet beispielsweise Frankenau in seiner „Palingenesia" über das folgende Vorkommniss.

Der Philosoph und Arzt Agricola behauptete ein Verfahren erfunden zu haben, durch welches er im Stande sei, eine „vegetabilische Mumie" zu erzeugen, vermittelst welcher er im Laufe einer Stunde jede beliebige Pflanze zum Treiben, Wachsen, Blühen und Früchtetragen bringen könne.

Als im Jahre 1715 derselbe aufgefordert wurde, einen Beweis dieser Behauptung zu erbringen, soll er in Gegenwart des böhmischen Gesandten Grafen Vratislav in Regensburg innerhalb der gegebenen Frist:

a. Zwölf Hauptstämme unterschiedlicher Citronenbäume zu vollkommenen Bäumen mit Wurzel, Stamm und Blättern gemacht haben, welche weiter trieben und späterhin Früchte trugen;
b. ferner sechs Hauptstämme von Aepfeln, Pfirsichen und Aprikosen, die 4-5 Schuh hoch waren, zu vollkommenen Bäumen mit Wurzeln und Stämmen gemacht haben, welche im folgenden Frühjahre ausschlugen, blühten und Früchte trugen;
c. dann zwölf Nelkenstöcke binnen einer Stunde zu vollkommen fertigen blühenden Pflanzen, die auch weiter gediehen, gemacht haben;
d. endlich dasselbe Experiment mit Fichten, Tannen, Eichen, Buchen und Birken gemacht und dieselben innerhalb sechs Stunden dazu gebracht haben, aus 7-9 Schuh hohen Zweigen zu vollkommenen Bäumen mit Wurzeln und Stämmen zu werden.

Aehnliche Vorkommnisse werden von den indischen Fakiren vielfach berichtet und wollen wir als Gewährsmann hierfür den französischen Reisenden und Regierungsbeamten Jacolliot anführen, welcher in seinem Werke „Le Spiritisme dans le monde" folgendes erzählt:

„Ich liess, in der Meinung, dass die Erzählungen von dem beschleunigten Pflanzenwachsthume nur auf taschenspielerische Gaukeleien zurückzuführen seien, einen berühmten Fakir Namens Covindasamy zur mir berufen und forderte denselben auf, mir ein derartiges Kunststückchen zu zeigen. Covindasamy erklärte sich hierzu bereit, überliess es mir, durch meinen Diener die hierzu nöthigen Geschirre, sowie Erde aus einem Termitenhaufen und Samen besorgen zu lassen. Nachdem Alles an Ort und Stelle war, liess er mich aus einem Säckchen herbeigebrachter Samen einen auswählen, und diesen durch einen Schnitt in die Rinde kennzeichnen. Die Termitenerde musste zerstossen und mit Wasser zu einem Schlamme angemacht werden, in welchen das gezeichnete Samenkorn eingesetzt wurde. Covindasamy steckte nun sein siebenknotiges Bambusstöckchen – das Symbol seiner Macht – in das Gefäss, deckte einen grossen Schleier darüber und setzte sich in einiger Entfernung von dem Gefässe mit kreuzweise unterschlagenen Beinen auf die Erde nieder, wobei er die Arme in der Richtung gegen den Samen ausstreckte. Bevor er dies that, äusserte er zu mir, dass er nun bald den Geisterschlaf schlafen werde und man während dieser Zeit weder ihn noch das Gefäss mit dem Samen berühren dürfe. Nachdem ihm dies zugesichert war, nahm er die erwähnte Stellung ein und verfiel in einen kataleptischen Zustand, in dem er bewegungslos mit ausgestreckten Armen, wie eine Bronzestatue, über eine Stunde verblieb. Seine Augen waren offen und starr. Ich, der anfänglich dem Fakire gegenüber gesessen war, konnte auf die Dauer den Blick dieser leblosen Augen nicht ertragen, da ich davon schwindlig wurde, deshalb setzte ich mich seitwärts an eine Stelle der Terrasse, auf welcher das Experiment gemacht wurde, und von wo ich ebenfalls den Fakir genau controliren konnte. So gingen beiläufig zwei Stunden vorüber, während welcher der Fakir auch nicht mit einer Fiber seines Körpers Leben verrathen hatte. Endlich erwachte er von selbst mit einem tiefen Seufzer, forderte mich auf, zum Gefässe heranzukommen und hob den darüber gebreiteten Schleier auf. Zu meiner grossen Verwunderung bemerkte ich in dem Gefässe nun einen frischen Melonenstengel von 20 Centimeter Höhe. Während der zwei Stunden, die der Versuch gedauert hatte, war aus der Erde die ganze Feuchtigkeit verschwunden, C o v i n d a s a m y zog die junge Melonenpflanze behutsam aus der zerfallenen Erde heraus und ich konnte an dem noch an der Wurzel hängenden Samenhäutchen erkennen, dass die Pflanze aus dem nämlichen Samen, den ich gezeichnet hatte, herausgewachsen war. Ich schätzte die Zeit, welche die Pflanze unter normalen Umständen zu einer solchen Entwickelung gebraucht hätte, auf mindestens 14 Tage".

In einem Reisewerke von Christoph L a n g h a n s aus dem vorigen Jahrhunderte findet sich ein ähnlicher Bericht. Darin wird von einem Fakir wörtlich das Nachstehende erzählt:

„Alsdann verlangte er einen Apfel de Sina, der ihm auch gegeben wurde. Er öffnete denselben, nahm einen Kern heraus, steckte denselben in die Erde und deckte, nachdem er die Stelle mit etwas Wasser begossen hatte, ein circa 4 Spannen hohes Körblein darüber. Nun nahm er eine Handvoll zerbrochener Tabakspfeifen in den Mund, setzte einen Draht auf seine Unterlippe, fädelte die Pfeifen aus dem Munde auf den Draht und nahm sie dann wieder in den Mund. Darauf deckte er den Korb in die Höhe und zeigte, dass in der Zeit von einer halben Stunde bereits eine Pflanze aus dem in die Erde gesteckten Kerne herausgewachsen war.

Er deckte wieder zu, machte etliche Sprünge, deckte wieder auf und zeigte die Pflanze, die so hoch als der Korb war und bereits eine normal duftende Blüthe hatte. So machte er es noch mehrere Male, bis endlich das Bäumchen fünf reife Aepfel de Sina trug, welche er abbrach und den Anwesenden zum Verkosten gab. Die Aepfel sollen einen ganz normalen guten Geschmack gehabt haben. Den Baum selbst riss er aus und warf ihn ins Wasser."

Dr. Baumgarten beschreibt in seinem Werke „Der Orient" Folgendes:

„Auf der Veranda eines ersten Hôtels in der Hauptstadt wurde sein Auge von einer Gruppe von Gauklern gefesselt, welche auf dem Steinflur niederkauerten. Deren ganze Kleidung bestand nur aus gewöhnlichen Lendenfetzen, so dass weder in Aermeln noch sonstwo etwas versteckt werden konnte. Diese Leute waren die geschicktesten ihrer Art. Einer derselben legte eine Nuss auf die Steine der Veranda, bedeckte sie mit zwei Stücken Zeug, die er mehrmals lüftete, um zu zeigen, was mittlerweile mit der Nuss vorgegangen war. Diese fing an zu keimen, sprosste stärker und stärker, bis sie in ungefähr 10 Minuten sich zu einem wirklichen Bäumchen, dessen Wurzeln an der anderen Seite herauskamen, entwickelt hatte."

Des Moussaux berichtet in seinem Werke „Les hauts phénomens de la magie" einen Fall, in dem ein vorerst Marineofficier dann Missionär gewordener Engländer Namens Palgrave Augenzeuge davon war, wie innerhalb 1/4 Stunde ein Bäumchen enstand, das 1 Meter hoch wurde, Blätter, Blüthen und Früchte hervortrieb, die von den Anwesenden gegessen werden konnten.

Fig. 11.
Magnetisiren einer Pflanze durch einen Fakir.

Wir wollen es an dieser Stelle bei den angeführten Beispielen bewenden lassen und verweisen jene, welche dafür Interesse haben, auf Baron Du Prel's zwei ausgezeichnete Arbeiten in der Sphinx 1889 „Forcirtes Pflanzenwachsthum" und „Pflanzenmystik", worin dies Thema des Erschöpfenden abgehandelt ist.

Es entsteht nun die Frage: worauf beruhten diese als thatsächlich anzunehmenden Vorkommnisse? Sind es Gaukeleien und Taschenspielerkunststücke, welche auf einem Changement der Objecte beruhen, oder hat man es hier wirklich mit geheimen Kräften zu thun, welche auf das Keimen und Wachsthum der Pflanzen befördernd einwirken?

Eine Antwort auf diese Fragen können wir uns erst erlauben, wenn wir einer einfacheren Reihe von Erscheinungen gedacht haben werden, welche ebenfalls hierher gehören.

Als gegen das Ende des vorigen Jahrhunderts der bekannte Wiener Arzt Dr. Anton Mesmer mit seiner Entdeckung eines sogenannten „thierischen Magnetimus" hervortrat und hunderte von Wundercuren verrichtete, wurden dieselben lediglich dem Einflusse der durch seine Proceduren erregten Einbildungskraft zugeschrieben. Die Wissenschaft wollte keineswegs das Bestehen eines eigenen magnetischen Fluids, wie es Mesmer zur Erklärung der durch ihn erzielten Phänomene annahm, zugeben.

Mesmer und dessen Nachfolger kamen späterhin darauf, das von ihnen angenommene magnetische Fluid auf leblose Körper zu Heilzwecken zu übertragen, und zwar dort, wo die Anwesenheit des Magnetiseurs nicht immer möglich war. Später wurden an Stelle lebloser Gegenstände Pflanzen hierzu ausgewählt und da zeigte es sich, dass dieselben unter dem Einflusse des Magnetismus in veränderter Weise sich zu entwickeln begannen. Theils wurde deren Wachsthum befördert, theils verzögert, je nachdem die Personen, welche die Magnetisirung vornahmen, magnetisch stärker oder schwächer und körperlich gesünder oder kränker waren. Ja, man beobachtete sogar vielfach, dass jene Pflanzen, welche von ausgesprochen kranken Personen magnetisirt worden waren, ohne Unterschied zu Grunde gingen.

Bei den durch kräftige Magnetiseure behandelten Pflanzen zeigte sich wohl meist keine Beschleunigung des Wachsthums, sondern eine Verlangsamung desselben zu Gunsten einer kräftigeren Entwickelung der Gewächse.

Mesmer hatte z. B. beobachtet, dass Bäume, die er magnetisirte, im Herbste länger grün blieben und im Frühjahre zeitiger belaubt waren, als die anderen nicht magnetisirten Bäume.

Der Arzt Dugnani nahm diese Versuche an einem Pfirsichbaume vor, der niemals reife Früchte trug und die bereits in den ersten Octobertagen verdarben und abfielen. Auf dem Baume suchte er unter fünf Früchten eine aus und magnetisirte dieselbe täglich etwa 20 Minuten lang, und zwar zwei Wochen hindurch. Während die nicht magnetisirten Früchte wie immer abfielen, färbte sich die magnetisch behandelte bereits nach acht Tagen lebhaft und erreichte im ausgereiften Zustande eine solche Schönheit und Grösse, dass sie zum Gegenstande allgemeiner Bewunderung wurde.

Professor Ennemoser beschreibt in seinem Buche: "Der Magnetismus im Verhältnisse zur Natur und Religion" einschlägige Versuche, die er im Beisein zweier Freunde, des Professors Nees von Esebeck und des Gärtners Sinning zu Bonn, angestellt hatte. Ennemoser pflanzte am 2. Mai 1821 Kapuzinerkresse, Hafer, Strauchbohnen und Zuckererbsen unter gleichen Umständen in dieselbe Erde, und zwar so, dass immer die Hälfte der Samen magnetisirt, resp. mit magnetisirtem Wasser begossen, die zweite Hälfte mit gewöhnlichem Wasser getränkt wurde.

Am 10. Mai sprossen die ersten nichtmagnetisirten Pflänzchen hervor, während von den anderen noch wenig zu bemerken war. So ging es fort bis zur Blüthezeit. Die nichtmagnetisirten waren voraus, aber wennschon grösser, so doch von blässlichem Aussehen. Während der Blüthezeit konnte an allen Versuchspflanzen gleichmässig constatirt werden, dass die magnetisirten viel grössere und schöner gefärbte Blüthen, als die nichtmagnetisirten, trugen. Am meisten war aber der Unterschied an den Samen bemerkbar. Die der magnetisirten Pflanzen waren bedeutend vollkommener, grösser und schwerer als die der anderen.

Will man derartige Versuche anstellen, so ist es nöthig, die betreffenden Pflanzen, falls man an Stelle des Begiessens mit magnetisirtem Wasser direct magnetisiren will, von der Wurzel gegen den Gipfel zu magnetisiren, da sonst keine oder sogar ungünstige Resultate erzielt werden.

Da es vielleicht für manche unserer freundlichen Leser von Interesse sein mag, derartige Versuche mit dem Magnetisiren der Pflanzen anzustellen, um sich aus eigener Anschauung von der Wirkung oder Nichtwirkung derartiger Proceduren zu überzeugen, so wollen wir, da derartige Versuche weiter nichts als ein wenig Zeit und Geduld beanspruchen, eine kleine Anleitung geben, wie man Gegenstände oder Wasser „magnetisirt".*)

---

*) Wir empfehlen jenen unserer Leser, welche dies Thema interessirt, die hochinteressante Broschüre „Der Heilmagnetismus und seine Beziehungen zum Somnambulismus und Hypnotismus" von Willy R e i c h e l (Verslag Karl Sigismund in Berlin), worin der heutige Stand der Magnetismusfrage dargelegt ist.

Um die Gegenstände in den sogenannten „magnetischen" Zustand zu bringen, das heisst magnetisch zu laden, ist es nöthig, die Gegenstände, mit dem Willen diese Wirkung hervorzubringen, in der einen Hand zu halten und mit der anderen mehrfach, mit dem Willen zu magnetisiren, nach allen Richtungen Striche über sie zu führen. Wenn man dies durch zwei oder drei Minuten hindurch gethan hat und zum Schlusse noch den zu magnetisirenden Körper mehreremale fest anhaucht, so ist er als magnetisirt zu betrachten. Soll derselbe verschickt werden, so muss er in ein seidenes Tüchelchen wohl verpackt werden, damit er beim Angreifen durch fremde Hände nicht fremde Einflüsse anziehe.

Eine Pflanze magnetisirt man dadurch, dass man sie in der Richtung des Wachsthums, das heisst von der Wurzel gegen die Spitze zu – ohne dass es aber nöthig wäre sie zu berühren – mit den Fingerspitzen der beiden Hände streicht.

Früchte werden dadurch magnetisirt, dass man sie vom Stengel gegen das untere Ende streicht, auch wohl in den geschlossenen Händen abwechslungsweise circa eine Minute hält und dann anhaucht.*)

Wasser magnetisirt man auf besondere Weise und sollen die beiden beigegebenen Abbildungen dazu dienen, die Magnetisirung von Flüssigkeiten zu erklären.

Man nimmt vorerst das die zu magnetisirende Flüssigkeit enthaltende Glas derart in die eine Hand, wie dies aus der Fig. 12 (erste Position) zu erkennen ist. Die zweite Hand wird in der ebenfalls aus diesem

---

*) Vergleiche: Paul Schroeder, Die Heilmethode des Lebensmagnetismus. Leipzig, Löhrstrasse 2. (14. Tausend).

Fig. 12.

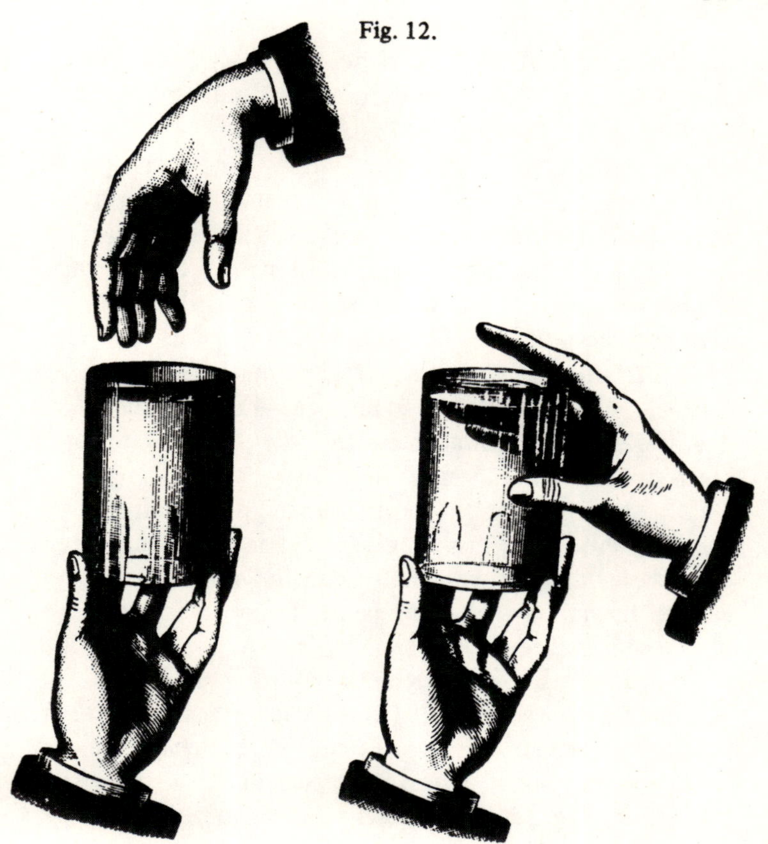

Position 1. Position 2.

Magnetisiren des Wassers.

Bilde ersichtlichen Weise darüber gehalten. Das Glas befindet sich also zwischen den fünf Fingern der einen Hand, während die Finger der anderen Hand in entgegengestellter Weise darüber sind. Diese Stellung behält man einige Secunden bis zu einer Minute bei. Hierauf zieht man mit der ausgestreckten oberen Hand, möglichst mit

Berührung des Glases, Striche an den Seitenwänden desselben herab, ohne aber mit der unteren Hand in Berührung zu kommen (Fig. 12, Position 2). Dies geschieht auf allen Seiten des Glases und beansprucht wieder nur circa eine Minute. Dann ballt man die obere Hand oberhalb der freien Wasserfläche und schnellt dieselbe energisch gegen das Wasser los, als ob man selbes besprengen wollte. Endlich haucht man noch mehreremale auf die Oberfläche des Wassers und dasselbe ist magnetisirt. (Bei Wasser, welches nicht als Getränk verwendet wird, kann man auch den Daumen der freien Hand eintauchen und die Flüssigkeit damit fest durcheinander rühren.)

Mit diesem Wasser begiesst man die Pflanzen wie mit gewöhnlichem Wasser, doch ist dabei zu beachten, dass immer dieselbe Person, welche mit dem Magnetisiren einmal begonnen hat, die ganze Dauer des Versuches über weiter magnetisiren muss.

Es gibt Personen, welche so sensitiv sind, dass sie von zwei Gläsern Wasser, von welchen eines magnetisirt, das andere unmagnetisirt ist, beim Verkosten durch den blossen Geschmack sofort unterscheiden, welches das magnetisch behandelte Wasser ist. Magnetisirte Körper erkennen sie, wenn selbe im Feuer gelegen, in Gluth gerathen, durch Säuren theilweise aufgelöst worden sind, noch immer durch blosse Berührung.

* *
*

Es ist ausser allem Zweifel, dass der Mensch Ausströmungen besitzt, welche von Pflanzen empfunden werden, was auch dadurch bekräftigt erscheint, dass Pflanzen in Krankenzimmern schneller zu Grunde gehen, als in den Zimmern gesunder Menschen, dass ferner die Berührung von Pflanzen durch menstruirende Frauenspersonen die Pflanzen zum Welken und Absterben bringt.

Sei es nun Elektricität, Magnetismus, oder was immer für eine sonstige Kraft, es ist deren Einfluss auf Pflanzen direct nachweisbar und ist es deshalb ganz gut möglich, dass die Leistungen der indischen Fakire, welche offenbar eine sehr gesteigerte Ausstrahlungsfähigkeit besitzen, hierauf zurückzuführen sind.

Es wäre sehr zu wünschen, dass die exacte Forschung ihren unberechtigten Widerwillen gegen alles, was einen Zusammenhang mit dem verpönten „thierischen Magnetismus" nur ahnen lässt, endlich einmal fallen liesse, um diese Einwirkung der menschlichen Ausströmungen auf die Pflanzenwelt und sonstige lebende Wesen etwas genauer zu studiren.

Frankreich, welches zu Mesmer's Zeiten in Bezug auf Anerkennung das Magnetismus nicht viel weniger als andere Länder gesündigt hat, scheint dies nun gut machen zu wollen, indem daselbst seit einigen Jahren gesetzmässig eine Hochschule für Heilmagnetismus zugelassen und den anderen medicinischen Hochschulen im Range gleichgestellt worden ist.

Die Pflanzen-Palingenesie
(Der Pflanzenphönix)

So wie die Magie das Geheimniss des Pflanzenwuchsbeeinflussens besitzt, so behauptet sie auch jenes der Wiederauflebung zerstörter Pflanzen, d.i. eine „P a l i n g e n e s i e", zu kennen.

Dieser Glaube an eine Palingenesie im Allgemeinen bestand ebenfalls schon im grauen Alterthume und fand in der Mythe vom Vogel „Phönix" seinen Ausdruck.

Der Phönix soll ein Vogel des alten Aegypten gewesen sein, der eine adlerähnliche Gestalt und purpur- und goldfarbiges Gefieder besass. Dieser Phönix, der auch als „B e n u" angeführt erscheint, und nach anderen Autoren einem Reiher geglichen haben soll, besass angeblich die Fähigkeit, sich alle 500 Jahre in seinem aus Gewürzen bereiteten Neste zu verbrennen, um dann aus seiner Asche verjüngt wieder aufzuerstehen. Herangewachsen soll er dann die Reste seines alten Körpers in Myrrhen eingeschlossen nach Heliopolis in Aegypten getragen haben.

An dieses mythenhafte Thier anknüpfend, haben sich die Magier aller Zeiten bestrebt, eine derartige Wiederbelebung (Palingenesie) durch magische Kunstgriffe möglich zu machen. Dieselben gingen dabei von der Anschauung aus, dass dem Körper ein unsterbliches geistiges Princip zu Grunde liege, welches unzerstörbar ist, somit bei der Zerstörung des materiellen Körpers zurückbleibt. Gelingt es nun, einen Körper derart zu zerstören, dass dies unverbrennbare geistige Princip mit den Resten des ursprünglichen Organismus zusammen zurück gehalten wird, so soll dasselbe unter Umständen Stoff an sich ziehen und in seiner ursprünglichen Gestalt wieder sichtbar werden können.

Man hat dabei zwischen einer vorübergehenden Palingenesie, einer sogenannten „Schattenpalingenesie", und einer wirklichen, „körperlichen Palingenesie", gewissermassen einer „Reincarnation" zu unterscheiden.

Die Zauberkunde will nicht nur eine Pflanzenpalingenesie, sondern auch eine thierische und eine mineralische Palingenesie kennen. Uns interessirt an dieser Stelle nur die pflanzliche Wiederauflebung, über welche wir in den folgenden Zeilen das Wissenswertheste beifügen wollen.

Es finden sich bereits in den Werken das Abu Bekr al-Rhasi und des Albertus Magnus Stellen, welche darauf hinweisen, dass die Genannten das Geheimniss der Pflanzenpalingenesie vollkommen inne hatten. Doch ist daselbst nirgends gesagt, in welcher Weise diese Herren operirten. Andeutungen über die palingenetische Manipulationsweise finden sich erst bei Paracelsus, wennschon dieselben sich vorwiegend auf körperliche Palingenesie eines Vogels oder eines „Homunculi" (magisch hergestellten Miniaturmenschen) beziehen. Auch Agrippa beschreibt ähnliches und nennt den aus einem Hühnerei hergestellten Homunculi den „wahren Alraun".

Athanasias Kircher erzählt, dass er im Jahre 1657 der Königin Christine von Schweden die Palingenesie einer Rose aus ihrer Asche innerhalb einer hermetisch verschlossenen Flasche gezeigt habe. Das Geheimniss will er von Kaiser Ferdinand III. erhalten haben, der es wieder von Kaiser Maximilian erlernt haben soll. Dieser verdankt dasselbe angeblich einem berühmten Magier, einem gewissen Terentio mit Namen.

Kircher erwähnt, dass das Experiment Monate, ja bis zu einem Jahre Zeit in Anspruch nimmt.

Quercetanus erzählt in seinen Abhandlungen, dass in Krakau ein polnischer Arzt gewesen sei, der das Geheimniss kannte, aus Pflanzen ein Pulver zu bereiten, das den Pflanzengeist in sich erhielt. Wenn derselbe gebeten wurde, er möge eine Rose oder sonstige Pflanze zeigen, so nahm er ein zugeschmolzenes Glas, das das Pulver der betreffenden Pflanze nebst deren Geist enthielt, erwärmte es über einer Flamme, worauf sich aus der Asche am Boden des Gefässes die Blume erhob, aber sofort wieder zu Asche wurde, wenn das Glas erkaltete. Solcher Pflanzengläser soll der Krakauer Arzt circa 30 besessen haben.

Du Chesne, ein berühmter Chemiker der damaligen Zeit, will diese Experimente bei dem Krakauer Arzte selbst gesehen haben. Nach seiner Angabe bemerkte man bei Erhitzung der Phiolen vorerst ein dunkles Wölkchen, das allmählich Form gewann, bis es endlich deutlich erkennbar die Gestalt der betreffenden Pflanze zeigte. Du Chesne versuchte das Experiment nachzumachen, es gelang ihm aber nicht vollkommen. Er brachte es nur dazu, aus einer Lösung, die er aus verbrannten Nesseln gemacht und die er zum Erkalten an ein gefrorenes Fenster gestellt hatte, im Eise die Gestalt der Nesseln genau nachgebildet zu sehen.

Der Mystiker Oettinger giebt in seinem Werke „Gedanken von der Geburt und Erzeugung der Dinge" folgendes Recept zur Pflanzenpalingenesie:

„Man nimmt von irgend einer perennirenden Pflanze im Frühjahr die Wurzeln mit den ersten jungen Trieben, etwa drei Hände voll, im Sommer von den

Spitzen (d. i. die obersten Blüthen mit den Blättern, Blatt- und Blumenstielen) gleich viel; im Spätherbste wieder dieselbe Quantität von Frucht und Wurzeln zusammen. Jeder Theil wird seinerzeit im Schatten getrocknet; schliesslich nimmt man Alles zusammen und verbrennt es miteinander zu Asche, macht eine Lauge davon, extrahirt das Salz, vermengt es mit reiner Dammerde (am besten mit der zarten rothen Erde, wie man sie auf verwitterten Felsen findet) und thut es in einem Blumentopf, bedeckt den Topf mit einer Glasglocke und verkittet beide miteinander auf das Sorgfältigste; – die Oeffnung am Boden des Blumentopfes darf hingegen nicht verschlossen werden – so wird nach wenigen Tagen die Blume aus der Asche blühend auferstehen."

William Maxwell spricht in seiner Abhandlung über die Palingenesie vielfach auch über die pflanzliche Wiedererstehung und giebt folgendes Recept hierzu an:

„Man nimmt eine ziemliche Quantität Rosenblätter, trocknet dieselben am Feuer, und verstärkt endlich das Feuer vermittelst des Blasebalges, bis sie zu einer sehr weissen Asche verbrannt sind. Nun zieht man mit gewöhnlichem Wasser das Salz aus, und setzt das Salz in einem Colatorium (Glas mit eingeriebenem Glasstöpsel) drei Monate lang ans Feuer, hierauf vergräbt man es im Mist und lässt es wieder drei Monate darin. Nach Verlauf dieser Zeit nimmt man das Gefäss heraus und setzt es wieder ans Feuer, bis die Gestalten im Glase zu erscheinen anfangen."

David van der Becke giebt folgende Vorschrift an:

"Die reifen Samen einer Pflanze werden an einem heiteren Tage gesammelt und in einem gläsernen Mörser gestossen, hierauf in einem Glaskolben von der ungefähren

Grösse der Pflanze gegeben, welcher ein enges Mundloch hat, damit es luftdicht verschlossen werden kann. Den verschlossenen Kolben hebt man auf, bis eine thaureiche Nacht kommt. Darauf giebt man den Samen in eine Glasschale, und stellt sie, nachdem man eine Schüssel untergesetzt hat – damit nichts verloren gehe – auf eine Wiese oder in einen Garten, damit der Thau den Samen durchfeuchte. Unterdessen sammle man einige Mass Maithau, den nassen Samen aber thue man vor Sonnenaufgang wieder in das Glas zurück. Den gesammelten Thau filtrire und destillire man, bis kein Bodensatz mehr vorhanden ist; den vorhandenen aber calcinire man und lauge aus der Asche ein Salz, welches man in dem destillirten Thau auflöst, worauf man denselben drei Finger hoch über den bethauten Samen giesst und das Mundloch des Gefässes so verkittet, dass nichts verdunsten kann. Dann verwahre man das Gefäss an einem mässig warmen Orte, so wird der Samen nach einigen Tagen beginnen sich in eine schleimige Erde zu verwandeln, der darauf schwimmende Spiritus wird Streifen bekommen und auf der Oberfläche eine vielfarbige Haut bilden. Die zwischen diesem und der schleimigen Erde befindliche Flüssigkeit ist von grüner Farbe. Das versiegelte Glas setze man den Strahlen der Sonne und des Mondes aus und bewahre es bei Regen in einem warmen Zimmer, bis alle Zeichen vollendet sind. Wenn man dann das Glas in eine gelinde Wärme bringt, so wird das Bild der dem benützten Samen entsprechenden Pflanze erscheinen, und nach dem Erkalten wieder verschwinden."

Diese Methode der Darstellung der „Idea seminalis" (wie van der Becke den Pflanzengeist nennt) wenden mit wenigen Abänderungen alle Kundigen an.

Genauere und ausführlichere Recepte und Anweisungen siehe in dem hochinteressanten Aufsatze des leider zu früh verstorbenen occultistischen Schriftstellers Karl Kiesewettet: „Die Palingenesie in ihrer Geschichte und Praxis".

Wie man aus dem Vorgesagten entnehmen kann, ist zur pflanzlichen Palingenesie hauptsächlich zu wissen nöthig, wie man das „Pflanzensalz" zu bereiten hat.

Pflanzensalz ist die Asche der Pflanze, welche man wiederaufleben lassen will.

Zur Bereitung dieses Pflanzensalzes muss man also die Theile des betreffenden Gewächses zu den durch die astrologische Beherrschung vorgeschriebenen Zeiten sammeln, und zwar derart, dass man die einzelnen Theile, also Wurzeln, Kraut, Blätter, Blüthen und Samen, in den jeweiligen Monaten, an den betreffenden Planetentagen, zu den betreffenden Planetenstunden, einsammelt und in wohlverschlossenen Gefässen aufbewahrt, bis man Alles beisammen hat.

Hierauf wird die ganze Pflanze im verschlossenen Raume zu Asche verbrannt. Die überdestillirende Feuchtigkeit wird separat in einer Vorlage gesammelt.

Nun giebt es zweierlei Methoden, von welchen die eine vorschreibt, dass man die Asche mit dem Destillate vermengt, wieder glüht, und zwar so lange, bis keine Feuchtigkeit mehr übergeht. Die zweite Methode bewahrt Asche und Destillat besonders auf, um es im gegebenen Momente zu benützen.

Wir lassen schliesslich noch einige in „Eckhartshausen's Magie" enthaltene Recepte folgen, bemerken aber gleich dazu, dass die Versuche auf die angegebene

Art nicht vollständig gelingen; wer sich dafür interessirt, möge selbe nur als Fingerzeige zum Experimentiren betrachten.

1. Helwig's Darstellung verschiedener Vegetabilien.

„Lauge Salz aus fetter Erde ohne Feuer, dünste sachte die Lauge, bis ein Häutchen entsteht, ab, dann reibe mit dieser destillirten Feuchtigkeit irgend ein Erdgewächs eine Stunde lang sehr wohl, bis sie einander recht angenommen haben, hierauf stelle es an die Luft, lasse es ungefähr zwei oder drei Monate stehen, dann giesse Wasser dazu, seihe und dünste es gelind aus, bis es endlich in Gestalt des Erdgewächses an den Seiten des Glases anschliesst."

2. Ein anderes dieser Art vom Nämlichen.

„Nimm vier Theile der besten Ackererde und einen Theil Salz des in der Destillirkolbe Zurückgebliebenen (capitis mortui), vom Scheidewasser, mische und treibe es herüber, so geht eine destillirte Feuchtigkeit, Geist, Salz und ein wenig Oel davon. (Der Geist löset das Gold auf.) Ziehe mit destillirtem Regenwasser das fixe Salz aus, siede es ein und löse es auf durch die Schmelzung. Lasse diese Feuchtigkeit stehen, so schiesst erst ein viereckiges Salz an, aus diesem wird ein zäher Schleim (mucilago) und daraus wachsen allerlei Vegetabilien, allein es muss stille stehen und nicht zugemacht werden."

3. Darstellung von Nelken von demselben.

„Nimm Flores cordiales und nochmal soviel als von diesen rothe Nelken, zieh' die Tinctur mit aufs beste rectificirtem Weingeiste heraus, sättige selbe noch einmal mit Nelken, koche es bei gelinder Wärme, drücke es dann durch, seihe es, und thu' dann in diese Tinctur so viel Korallensalz, das durch das Regenwasser abfliesst, ehe es mit Weingeist aufgelöst wird, so viel, als sich in der Tinctur auflösen will und kann, und lass es stehen, so wird das überflüssige Salz in Gestalt der Nelken sich an den Seiten anhängen und anfangs auch bluthroth wie die Nelken aussehen, aber endlich wird es weiss."

4. **Lavendel.**

„Thu' in zwei längliche, mit Wasser angefüllte Gläser Lavendelsalz, so wirst du im nämlichen Tage noch mit Verwunderung oben am Rande dieser Gläser gleichsam in Miniatur eine Menge kleiner Lavendelpflanzen aufgehen und aus dem Wasser hervorsteigen sehen. Des andern Tages wird dieses Schauspiel noch angenehmer sein. Und diese Vorstellung lässt sich fortsetzen, wenn man die Gläser gelinde und langsam warm werden lässt, und dies so oft man will."

5. **Belaubte Weinstöcke und Trauben von Helwig.**

„Nimm flüchtiges Weinsteinsalz, löse es in bestens rectificirtem Weingeiste auf, lasse es in einem hellen Glase stehen, so wird sich an den Seiten des Glases ein Weinstock mit Laub und Trauben anlegen und unten an dem Boden wird sich ein Weinberg erheben."

6. **Frauenhaar, ein Kraut.**

"Man werfe in ein auf hermetische Art zugemachtes Gefäss den Geist, den man aus diesem Kraute – Frauenhaar – gezogen, sammt dem Salze, das man aus dessen

Hefen durch die Calcination bekommen, so wird man daraus alle Frühlinge in diesem Glase dieses Kraut wachsen und gegen den Winter wieder abnehmen sehen."

7. Brennesseln hervorzubringen.

„Calcinire eine beträchtliche Menge Brennesseln, ganz wie sie sind, mit der Wurzel, Stengel, Blättern und Blumen. Aus dieser Asche mache mit klarem Wasser eine Lauge, seihe sie dann durch, und reinige sie von aller irdischen Materie. Diese Lauge setze dann bei angemessener Jahreszeit der Kälte aus, z.B. an dem Fenster, dass sie zusammenfriere, so werden Brennesseln in der Zusammenfrierung in grosser Menge erscheinen. Es fehlt ihnen zwar die grüne Farbe, denn sie sind weiss, aber doch sind sie so natürlich, dass sie kein Maler künstlicher zeichnen könne, als sie im gefrorenen Wasser ausgedrückt sind. Sobald aber das Wasser wieder in der Wärme sich auflöst, verschwinden alle diese idealischen Gestalten, wie aber das Wasser wieder zusammenfriert, erscheinen sie aufs Neue. Und dieses Spiel der Natur lässt sich öfters und zu verschiedenen Zeiten wiederholen, und man wird es jedesmal mit Vergnügen betrachten."

Wir beschliessen hiermit auch den letzten Abschnitt des Haupttheiles unseres Büchleins, von dem wir hoffen, damit unseren geneigten Lesern nicht nur einen nicht uninteressanten Beitrag zur Culturgeschichte, sondern vielleicht auch Anregung zu einschlägigen Studien und Experimenten gegeben zu haben.

Wenn es auch durchaus nicht zu verkennen ist, dass in der pflanzlichen Magie viel Aberglaube und Unsinn enthalten ist, so kann doch anderseits auch durchaus nicht abgeleugnet werden, dass diesem Aberglauben manche wahre Naturbeobachtung zu Grunde liegt. Das Wahre vom Unwahren zu scheiden, den thatsächlichen Kern von der ihn verbergenden Hülle zu sondern, ist die Aufgabe der wissenschaftlich Gebildeten unseres Jahrhunderts. Wenn dies gelingt, dann wird der gesäete Samen reiche Früchte tragen zur Ehre Gottes und zum Wohle der Menschen.

Quellenwerke:

C. Bötticher: Der Baumcultus der Hellenen.
Plinius: Historia natural.
?: Kurze Betrachtung der Mandragora oder Alraunwurzel, des Farnkrautes nebst seinen Samen, sowie auch anderer sogenannter magischer Kräuter.
Wals und Winkler: Neues Jahrbuch für Pharmacie, VI.Bd.
Görres: Christliche Mystik.
Ennemoser: Magie.
– Der Magnetismus u.s.w.
Anderson: Reisen in Afrika.
Horst: Dämonologie.
Colquhoun: Historische Enthüllungen über die geheimen Wissenschaften aller Völker.
Grimm: Deutsche Mythologie.
S. Cassel: Prophetinnen und Zauberinnen u.s.w.
Perty: Die mystischen Erscheinungen der menschlichen Natur.
Kiesewetter: Geschichte des Occultismus.
– Die Palingenesie in ihrer Geschichte und Praxis.
Eckartshausen: Aufschlüsse zur Magie.
J. O. v. Helbigs: Physica curiosa.
Ovid: Metamorphosen.
W. Maxwell: Medicina magnetica.
Paracelsus: De rerum natura.
?: Abhandlung über die künstliche Wiederauflebung der Thiere, Pflanzen u.s.w.
B. du Prel: Forcirtes Pflanzenwachsthum.
– Der Pflanzenphönix.
Gaboriau: Le monde occulte.
J. Jacolliot: Le spiritisme dans le monde.
– Voyages au pays des Fakirs charmeurs.
A. v. Perger: Ueber den Alraun.
F. v. Thümen: Die Pflanze als Zaubermittel.
Cohn: Die Pflanze.
A. Kerner: Illustrirtes Pflanzenleben.
F. Unger: Botanische Streifzüge auf dem Gebiete der Culturgeschichte.

Frank: Die Krankheiten der Pflanzen.
Seemann: Die Götter und Heroen der Griechen.
– Die Mythologie der Griechen und Römer.
Mannhardt: Die Götter der deutschen und nordischen Völker.
Schroeder, Paul: Die Heilmethode des Lebensmagnetismus; Geschichte des Lebensmagnetismus und des Hypnotismus.
Hübbe Schleiden: Zeitschrift „Sphinx".
S. Krauss: Zeitschrift „Am Ur-Quell".
P. Zillmann: Zeitschrift „Metaphysische Rundschau".
A. Aksakow: Zeitschrift „Psychische Studien".
Dr. H. Hartmann: Zeitschrift „Lotusblüten".
M. Rahn: Zeitschrift „Uebersinnliche Welt".

Anhang.

Die Symbolik der Pflanzen

Die Idee einer Seelenverwandtschaft zwischen den menschlichen Gefühlen und Empfindungen und den Kindern Floras ist eine uralte und war schon bei den Römern und Griechen geübt und gepflegt. Diese alten Völker liessen ihre Empfindungen durch gewundene Kränze sprechen; ihre vollkommenste Entwickelung erlangte die Pflanzen-Symbolik aber erst im 16. bis 17. Jahrhunderte und sind es da besonders die orientalischen Völker, welche die Lehre von den Symbolik der Pflanzen (die Pflanzensprache) auf's Höchste entwickelten. Reiche, in welchen die Frau in den Harems wie hinter Kerkermauern verschlossen ihr Dasein verträumen und vielfach auch vertrauern musste, waren wohl besonders geeignet, eine Blumensprache grosszuziehen. Die glühende Liebe dieser Frauen hatte ja kein anderes Mittel, Verständigung anzubahnen, als Blicke und Blumen, in welche sie demgemäss alle ihre innigsten Geständnisse, Klagen, Wünsche und Bitten hineinlegen mussten.

Während der Orient sich die Blumen zum Dolmetsch dieser stummen und doch so beredten Sprache wählte, sind es im Occident die Farben, welche zu ähnlichen Zwecken herangezogen wurden. Aus diesen beiden empfindungsvollen Gepflogenheiten entwickelte sich nach und nach ein regelrechter Cultus, welcher in dem bei uns noch herrschenden Gebrauche bei Festen Blumengeschenke darzubieten, so wie unseren verstorbenen Lieben als letzte Herzensgabe Kränze aufs Grab zu legen, seine modernen Ausläufer findet.

Während im Oriente, insbesondere in der Türkei, die Symbolik der Blumen im „Selam" zu einem Blüthenstrausse morgenländischer Poesie entwickelt wurde, fand selbe im Abendlande in Gesängen und Dichtungen vaterländischer Sänger und Troubadours ihren Hort.

Zu Ende des 18. Jahrhunderts feierte die Pflanzensymbolik in den deutschen Landen ihren höchsten Triumph, um in den darauf folgenden politischen und socialen Wirren nahezu gänzlich in Vergessenheit zu gerathen. Erst zu Ende unseres Jahrhunderts werden von Frankreich aus wieder Versuche unternommen, die Pflanzen-Symbolik in allgemeinere Aufnahme zu bringen und mögen diese Zeilen vielleicht dazu beitragen, diesen sinnigen Gebrauch besonders unserer schönen Damenwelt wieder in Erinnerung zu bringen.

Wir haben uns Mühe gegeben, nach dem Orientalischen des Selam sowohl, als nach vaterländischen Meistern der Dichtung, ein möglichst vollständiges Verzeichniss der Pflanzen und ihrer Symbolik in den folgenden Seiten zu bringen und hoffen, dass diese Arbeit den Beifall unserer freundlichen Leserinnen finden werde.

Pflanzen-Symbolik.

A a l b e e r e :

Wenn Deine Lockungen auch süss reizend sind, so gebietet doch mein Verstand und mein Herz, ihnen zu widerstehen.

A a r o n :

Stürmt auch das Leben unerbittlich auf Dich ein, so verzage doch nicht! Das Bewusstsein, ewig gut und rein zu sein, wird Dich erheben.

A b e n d s i l e n e :

Aeussere Schönheit ist eitel gegen die Schönheit des Herzens! Du vereinest beide in Dir.

A c h i l l e n k r a u t (r o t h) :

Du tadelst mich und muss ich es erdulden, doch liegt meine Entschuldigung nahe.

A c h i l l e n k r a u t (w e i s s) :

Bleibe noch länger, Deine Gegenwart beglückt mich.

A c k e r d i l l :

Deine Blicke meiden mich: Grolle nicht!

A c k e r k l e e :

Theile mir mit, wann ich Dich wiedersehen kann.

A c k e r m e l d e :

Ich schätze Dich, weil Du das einzige Bindeglied bist, das mich mit dem Entfernten vereint.

A d l e r k r a u t :

Es freut mich sehr, dass wir gleichen Sinnes sind.

A d o n i s :

Ich kann nicht länger widerstehen.

A e s c h y n o m e n e :

Merke Dirs ! Liebe lässt sich nicht gebieten.

A e t h u s a :

Banne die Erinnerung an den Verdruss aus Deinem Herzen.

A f r i k a n e :

Du strebst hier vergebens; Dein Glück liegt in fernem Lande.

A g a v e :

Ich bleibe Dir trotz Deiner Schelmenhaftigkeit gut.

A g r i m o n e :

Freundesstimme tönt lieblich in Freundesohr.

A h o r n b l ü t h e :

Scherz und Ernst sollen treue Wächter unserer Freundschaft sein.

A k a z i e n b l ü t h e (r o t h) :

Deine Freundschaft wird nie die Gluth meiner Liebe lindern.

A k a z i e n b l ü t h e (w e i s s) :

Die Dauer unserer Freundschaft wird mir durch Dein gutes Herz verbürgt.

A l a m a n d e :

Sei vorsichtig im Reden, die Wände haben Ohren und Zungen.

A l a n t b l ü t h e :

Dich zu lieben verbietet mir Pflicht und Gefühl, aber ich schätze Dich hoch.

A l c h e m i l l e :

Ich muss Dich verlassen, aber mein Herz und Geist bleiben bei dir.

Alcine:

Der Liebenden Wille wird für sie zum Gesetze.

Aldrovande:

Ich verberge, was mir am liebsten ist.

Aletris:

Du bist der süsseste Lohn für mich.

Alhenna:

Mutterwitz soll Dir nicht zu eigen sein; sagt man.

Alkmelle:

Ich ersehne das Wort von Dir: „Ich bin Dir herzlich gut".

Allione:

Kennst Du der Liebe Wonne, dann ist ihr Schmerz Dir nicht mehr fern.

Aloe:

So wunderbar und selten ihre Blüthe, so selten rein und gut möge unsere Freundschaft sein.

Alpenglöckchen:

Du stehst hoch über mir, doch zieht mich Dein seelengutes Herz zu Dir hinan.

Alpenklee:

Du bist mir heute räthselhaft.

Alpenmoos:

Ich habe volles Vertrauen zu Dir.

Alpinie:

Ich bin beglückt Dich gefunden zu haben, denn lange schon sehne ich mich nach Dir.

Amaranthe:

Erkenne, was der Treue Zaubermacht vermag.

Amaryllis (blau):

Mein Leben begann erst mit der Liebe zu Dir.

Amaryllis (roth):

Ich achte Dich aus tiefster Seele.

Ambrablüthe:

Warum bist Du heute so wenig zutraulich und hingebend?

Amorellenblüthe:

Es ziemt uns Glücklichen wohl, den Schmerz anderer zu lindern.

Amrablüthe:

Ick kann Dir keine Blume brechen, Du bist die schönste, duftendste Blüthe selbst.

Ananas:

Ich verstehe Deine Blicke.

Andorn:

In Deinem schönen Auge spiegelt sich Deine schöne Seele.

Andrachne:

Nur einmal gewähre mir die Seligkeit, Dir nahen zu dürfen.

Andromeda:

Du hast keinen Grund zur Eifersucht.

Anemone:

Vertrauen ist die schönste Blüthe aus dem Blüthenstrausse der Freundschaft.

Angelica:

Ich empfinde tiefe Trauer über die geknickten Blüthen unserer Herzensgefühle.

Angelmund:

Ueberall ertönt Dein Lob.

Angolan:

Das Spiel, das Du mit meinem Herzen treibst, wird mich noch zur Verzweiflung bringen.

Anisblüthe:

Deine Artigkeit ist übertünchter Spott.

Annone:

Unserer Liebe Schmerz soll süss wie der Nachtigallen Klage verhallen.

Anthyllis:

Fühlst Du mein Herz Dir entgegenschlagen?

Apfelblüthe:

Wird endlich die Rosengluth der Liebe Deine zarten Wangen röthen.

Aprikosenblüthe:

Traure nicht über mein Geschick, Deine Liebe gibt mir Kraft, es zu ertragen.

Arethuse:

Wiederhole solche schmerzliche Kränkungen nicht, mein Herz kann sie verzeihen, aber nimmer vergessen.

Artemisia:

Mein Herz hat bereits gesprochen, Du kommst zu spät.

Arune:

Sei versichert, ich bleibe Dir ewig herzlich gut.

Arve:

Ich kann mich nicht verstellen, mein Herz blutet.

Asclepias:

Ich habe in Dir das höchste Loos gezogen.

Asphodillus:

Ich erwarte häufige und herzliche Briefe.

Aster (dunkelblau):

Die Erinnerung an Dich erhebt mich über die Alltäglichkeit des Lebens.

Aster (himmelblau):

In einer anderen Welt werden wir uns glücklicher wiedersehen.

Aster (rothe):

Meine Liebe zu Dir ist der Stern meines Lebens.

Aster(weiss):

Deine wahre Freundschaft mildert meines Unglücks Qual.

Augentrost:

Wir wohl ist mir, wenn Deine holden Blicke auf mir ruhen.

Aurikel (blaue):

Du bist immer dieselbe.

Aurikel (gelb):

Heller erglänzt mein Auge, wenn ich Dich erblicke.

Aurikel (weiss):

Ich fühle jetzt noch das entzückende Gefühl unserer ersten Begegnung.

Aurunkel (bunt):

Was Du mir erzählst, ist mir gleichgültig.

Aurunkel (gesternte):

Ich glaubte mich ins Paradies versetzt, erwachte und fand mich bei Dir.

Aurunkel (roth):

Meide den äusseren Glanz, denn dessen kurzer Anerkennung folgt langer Tadel.

Bacheris:

Die Grüsse Deiner Beredsamkeit beugten meine Seele.

Baldrian:

Ich ahne, dass Du mir bald die Hand zur Versöhnung reichen wirst.

B a l l b l u m e :

Du kannst nichts leisten, weil zu vielfache Wünsche und Gedanken Dich bewegen.

B a l l o t e :

Liebe bleibt nur dort, wo sie etwas zu wünschen oder zu erhoffen hat.

B a l s a m i n e (r o t h) :

Dein Umgang beglückt mich und ist mir segenbringend.

B a l s a m i n e (w e i s s) :

Kälte und Gluth liegen im menschlichen Herzen nebeneinander.

B a l s a m - R o s e :

Ich bin nicht schön, doch liebe ich Dich und werde Dir stets treue Liebe weihen.

B a l t i m o r e :

Verkenne mich nicht und traue meinen Worten.

B a m b u s b l ü t h e :

Mann kann den Fehler, zu sehr geliebt zu haben, nicht schmerzlich genug büssen.

B a n a n e :

Du bist zu veränderlich, dies trübt die Liebe und stört die Freundschaft.

B a n d g r a s :

Das Band der Freundschaft hält unsere reinen Seelen umschlossen.

B a n d w e i d e :

Güte ist das festeste Herzensband.

B a r b e n k r a u t :

Nichts kann uns entzweien, er ist mein und ich bin sein.

B a r t n e l k e :
Dein sanfter Blick stelle an mein Herz die Frage.

B ä r e n k l a u :
Meine Treue überdauert die stärksten Proben.

B ä r w i n d e :
In Deinem Herzen gibt es für mich keine verborgene Falte, ich weiss, Du bist mir herzlich gewogen.

B a s i l i e :
Sanft behandelt dufte ich mild, zu starke Berührung weckt widrige Gerüche.

B a u m l i l i e :
Unschuld und Hoffnung mögen bei Dir stets gesellt bleiben.

B a u m w o l l b l ü t h e :
Die Blüthen unseres Bundes sind noch zu zart, darum pflege sie mit sorgfältiger Liebe.

B a z i l l e :
Nur nahe Verbindung mit mir wird Dir meine Gefühle enthüllen.

B e c h e r b l u m e :
Sei immer so glücklich, als Du gut bist.

B e l l a d o n n a :
Dein gefälliges Aeusseres verbirgt Dein abschreckendes Inneres nicht.

B e l l a r d i e :
Was Unschuld geknüpft, muss in Unschuld bestehen.

B e l l o n i e :
Du allein trägst die Schuld an unseren Misshelligkeiten.

B e n e d i c t e :

Nur das Treffliche und Vollkommene wird von schönen Seelen schön empfunden.

B e r b e r i t z e :

Weder Zurückhaltung und Stolz, noch conventionelle Opfer können mich fesseln.

B e r g - J o h a n n i s k r a u t :

Leben ist träumen, weise und vorsichtig leben, heisst angenehm träumen.

B e r g n e l k e :

Dein Ausweichen schmerzt mich unsäglich.

B e r g v e i t :

Wenn Du der Freuden länger als der Schmerzen gedenkst, dann hast Du kein empfindsam Herz.

B e r t r a m w u r z :

Die Zeit und mein Benehmen werden Deine Einbildung Lügen strafen.

B e t o n i e :

Mich beneiden zu viele, als dass ich glücklich sein könnte.

B e i f u s s :

Deine Liebe ist nicht von Bestand, sie ist ein Kind der Phantasie.

B i b e r n e l l :

Ein Blick in Dein Auge hat mich ganz geheilt.

B i b e r k l e e :

Wohnt in Deinem Herzen wirklich treue Liebe?

B i l l a r d i e r e :

Das Wichtige kann man nie genug bedenken.

B i l s e :

Ich möchte nicht unbedingt vertrauen.

B i n s e :

Lege diesen Korb zu den früher bereits erhaltenen.

B i r k e n b l ü t h e :

Wie Maienthau über die Blüthen träufelt, so nahte die Liebe meiner Seele.

B i r n e n b l ü t h e :

Dein Schmachten und Seufzen rührt mich nicht.

B i s a m k r a u t :

Eine Quelle des Genusses liegt im Gefühle der Sympathie.

B i s c h o f s m ü t z e :

Wir passen, wie ich glaube, nicht zu einander.

B i t t e r k r a u t :

Warum bleibst du kalt bei meinem Liebeswerben?

B l e i w u r z :

Schweige lieber und höre, anstatt Albernheiten und Unnützes zu sprechen.

B l u m e n o h r :

Sei nicht wie ein schwankendes Rohr des Windes Beute.

B o h n e n b l ü t h e :

Worte sind zu arm, um mein Entzücken über Dein freundliches Nahen auszudrücken.

B o r r e t s c h :

Es gewährt der Liebe ein schädliches Gut, wenn sie den Willen des Andrängenden mehr als sein Glück bedenkt.

B r a u n e l l e n b l ü t h e :

Der reine Hauch der Liebe mag Deinen Busen fühlend umwehen.

Braunwurz:

Klösterliche Einsamkeit allein kann Dir Schutz und Trost gewähren.

Brennende Liebe:

Das Vorgefühl des göttlichen Ursprungs wird von der Seele in der Liebe empfunden.

Brennessel:

Du fliehst mich, und ich bin doch so unschädlich.

Brombeerblüthe:

Ruhige Freundschaft gewährt Dir, was glühende Leidenschaft Dir oft versagt.

Brunnenkresse:

Leben und Lieben sind eins.

Buchs:

Worte vermögen meine Gefühle für Dich nicht auszudrücken.

Butterblume:

Dein sanftes Herz verbürgt mir für die Zukunft treue Freundschaft.

Cactus:

Wie verträgt sich stille Häuslichkeit mit Deiner Weltliebe?

Calmus:

Mein Wort ist bindend auch ohne Schwüre.

Callie:

Dein süsser Blick flösst Hoffnung in mein wundes Herz und verleiht mir Muth im Dulden.

Canarie:

Ich kann mich keines liebenswürdigeren Umganges als des Deinigen erfreuen.

Capernstrauch:

Liebe und Freundschaft stirbt im Lethe nicht.

C a r d a m o m e n b l ü t h e :

Es gereicht mir zur grossen Freude, dass Dein Aeusseres und Deine Gefühle sich stets gleich bleiben.

C a r i s s e :

Flieh fort, ich mag von Dir nichts wissen.

C a s c a r i l l e :

Du bist im Ueben schöner Redensarten recht bewandert.

C a s s o l e t t e :

Der Sehnsucht Schmerz tödtet mich, bin ich länger noch von Dir getrennt.

C e d e r b l ü t h e :

Ich bewundere und staune die Majestät Deines Wesens an.

C e n t a u r e a :

Nie soll Gold der Leitstern meines Lebens werden.

C e n t i f o l i e :

Mein Herz ist mit hundert Gliedern der Liebe und Freundschaft an Dich gekettet.

C e n t u n k e l :

Ich will Dir Deine emsige Sorgfalt und Dein Bemühen um mein Wohlwollen mit innigster Freundschaft lohnen.

C h e l l o n e :

Ich kann Dir nicht länger verschweigen, dass mir Dein Andrängen lästig ist.

C h i r o n i e :

Dein unermüdlicher Fleiss und Deine lobenswerthe Thätigkeit erwecken meine Hochschätzung.

C h o n d r i l l e :

Eine fromme und reine Liebe schafft den Himmel auf Erden.

Christusauge:

Gott wird alles zum Guten lenken, wenn Du mich liebst, wie ich Dich liebe.

Cinerarie:

Sie mag ein Memento Deiner vergänglichen Schönheit sein.

Cinne:

Komm an mein hochklopfendes Herz.

Citronenkraut:

Keine Liebe ohne Leiden.

Cocosblüthe:

Freundschaft ist für den, der sie zu bewahren weiss, des Lebens grösster Schatz.

Colletie:

Auf ewig bleibt mein Gefühl entschieden.

Commeline:

Wer liebt, fühlt das ganze Süsse des Tanzes, und tanzen muss man, um Liebe zu fühlen.

Cornelkirsche:

Mein Herz sucht Dich überall.

Cortuse:

Du bist des Schönen nur dann werth, wenn Du es pflegst und mehrst.

Corydalis:

Ein Augenblick knüpft oft das Bündniss edler Seelen.

Costwurz:

Mein Auge ist stets der Spiegel meiner Seele.

Crocus:

Sammle Dir unvergängliche Schätze für den Herbst Deines Lebens.

C u b e b e n:

Ich bin beunruhigt, zu zweideutig ist Dein Benehmen.

C u r a t e l l e :

Ich muss mir Deinen Scherz gefallen lassen, er trifft mich aber nicht tief.

C u r t e s i e :

Ich bin glücklich und zufrieden, wenn ich Dich nicht sehe.

C y a n e :

Sei so anspruchslos wie sie, und Dein Leben wird stets rosig sein.

C y p r e s s e :

Einst lachte mir die Ewigkeit der Liebe aus Deinen Augen, jetzt flehe ich zu Gott um eine andere Ewigkeit, die im Schatten der Cypresse blühet.

C y p r u s b l ü t h e :

Meine Liebesklage mag Dich lehren, die Blicke von dem trunkenen Kreise, der um Dich wallet, abzuwenden.

C y r i l l e :

Dein Blick dringt mir tief in die Seele und wandelt selbe um.

D a p h n e :

Ich bin schnell bei Dir, wenn ich die Stunde weiss.

D a l i a :

Mein Herz ist ewig bei Dir, die Heimath giebt das Herz, nicht der Körper.

D a t t e l p a l m e :

Du bist Deines Frohsinnes und Deiner Feinheit halber stets in unserer Gesellschaft willkommen.

Decemberblume:

Der Winter Deines Lebens wird Dir die Früchte Deiner im Lebensfrühjahre vollbrachten guten Handlungen bringen.

Degenkraut:

Das Schönste im Leben ist eine sorgenfreie Jugend, gepflegt durch warme Freundschaft.

Dialia:

Es ahnet mir, dass wir uns als Herzensfreunde achten und lieben werden.

Dijon-Rose:

Du vereinest die Anmuth und Lieblichkeit der drei Grazien in Dir.

Dillblüthe:

Du stellst Dir Dein Ideal viel zu hoch vor. Gleich Diogenes suchst Du stets, ohne zu finden.

Dillena:

Wärest Du weniger flatterhaft und beständiger, könnte ich Dich recht lieb haben.

Dionae:

Tugendhafte und reine Liebe nährt des Menschen Unschuld.

Diptam:

Wo Seele zur Seele spricht, braucht man das Wort nicht zu wählen.

Distel:

Des Lebens Poesie geht an Dir spurlos vorüber.

Dorant:

Du bist ungefällig und uninteressirt. Jeder Dienst von Dir ist auf Gegendienst berechnet.

D o r n e n b l ü t h e :

Seit Deiner Liebe Rosen mir blühen, schmerzen mich des Lebens Dornen nimmer.

D o r o n i c u m :

Ich will nur einmal ans Herz Dich drücken, dann kannst Du von mir ziehen.

D o t t e r b l ü t h e :

Versteh doch endlich mein klagendes Herz und bereite mir keine weiteren schlaflosen Nächte.

D r a c h e n b a u m :

Meine feste Freundschaft sei in Deinen Verfolgungen Dir ein rettendes Asyl.

D r e i f a l t i g k e i t s b l ü t h e :

Glaube, liebe und hoffe.

D r e i s t e r n :

Der Freund darf, der Feind will nicht schonen.

D r ü s e n b l u m e :

Ich schelte mich oft ungerecht, wenn ich Angesichts des hohen Werthes Deiner Freundschaft dennoch klage.

D ü r r w u r z :

Hat eine übelwollende Sonne die Blüthen Deiner vorigen Gefühle gänzlich verdorrt?

D u f t b l u m e :

Achtung! Falle nicht aus der Rolle des Freundes.

E b e r e s c h e n b l ü t h e :

Hätt' ich tausend Herzen, alle wären sie Dein.

E b e r w u r z :

Vergebens ringst Du um Gegenliebe.

E h r e n p r e i s :

Es gebührt Dir, der "Sanften, Herzlichen, Stillhäuslichen".

Eibischblüthe:

Dein Umgang stillt meine Leiden, aber er heilt sie nicht.

Eichbaum:

Er strebt himmelan. Solch' Erdenkinde kann man es nicht wehren, halb der Erde, halb den Himmeln anzugehören.

Eichbaum mit Moos:

Stärke mit Milde gepaart.

Eichenlaub:

Die Krone der Sittsamkeit und Tugend.

Eichenzweig:

Du besitzest männliche Biederkeit und hohen Heldensinn.

Eierpflanze:

Liebe oder Freundschaft darf nie als Gabe des Mitleids oder der Pflicht erscheinen, sonst stösst sie ab.

Einbeere:

Schmeichlerisch ist Dein Wesen, darf ich Deinen Versicherungen wohl trauen?

Eisenhut:

Wo holde Liebe weilt, wird die stille Hütte zum Tempel.

Eisenkraut:

Bald hätt' ich Dich vergessen, wären meine Gedanken nicht fleissiger bei Dir als meine Augen.

Eiskraut:

Du verdeckst ein kaltes, zerstörendes Herz unter Deinem schönen warmen Aeussern.

Elsbeere:

Unsere Liebe muss vorderhand noch verborgen bleiben.

Engelblüthe:

So schön und lieb wie heut bist Du mir noch nie erschienen.

Englisch-Gras:

Deine Kunstfertigkeit verdient meine Bewunderung.

Enzian:

Liebend und heilend führt die anscheinend strafende Hand zur Glückseligkeit.

Epatis:

Du verstehst es, Dich allgemein beliebt zu machen.

Epheu:

Ich bin wohl schwach und schüchtern, doch gewähret Deine Liebe die mir versagte Kraft.

Epidendrum:

Warum vergiltst Du meine glühende Liebe nur mit kaltem gemessenen Betragen?

Eppich:

Treue Liebe ist sprachlos, denn nur treue Liebe kann sie verstehen.

Erdmandeln:

Ist Dir mein Kommen angenehm, ich möchte Dir um keinen Preis lästig fallen.

Erdnussblüthe:

Ehe Du mich verstossest, prüfe mein Herz.

Erdscheibe:

Mit Dir würde ich in jedem Winkel der Erde glücklich sein.

Erdschwamm:

So vertraulich sind wir noch nicht.

Erve:

Zur Sühne biete ich Dir lebenslangen Diensteifer dar.

Eschenblüthe:

Beglücke mich mit dem süssen „Du".

Esparsette:

Ist meine innige Liebe für Dich Wonne oder Schmerz?

Espenblüthe:

Warum so furchtsam und verlegen?

Euphrasie:

O möge eine glückliche Harmonie uns wieder vereinigen.

Fachbeere:

Deine Freundschaft und Wohlwollen machen mich glücklich.

Fackelblume:

Du liebst mich nicht, was frommt Dir meine Neigung?

Färberwurz:

Wirst Du noch oft Deine Gesinnungen gegen mich ändern?

Farnkraut:

Sei nicht so grausam, mir meinen Fehler stets vorzuwerfen.

Federgras:

Schone des zarten Bandes unserer Liebe, ist es einmal zerrissen, dann festigt es kein Eisen mehr.

Federnelke:

Ich ergötze Dich mit würzigem Duft und glänze gleich witzigen Worten, welke aber schnell wie diese dahin.

Feigenblüthe:

Du wirst im Alter im Kreise zahlreicher Nachkommenschaft noch Deine Tage geniessen.

Felddosten:

Kunstlos und natürlich wie ich bin, opfere ich mich Dir hin.

Feldglöckchen:

So anspruchslos und unschuldsvoll wie diese weissen Glöckchen sei auch unsere Liebe.

Feldnelke:

Dein echter Werth benöthigt nicht des Schmuckes des Glanzes.

Feldrittersporn:

Dein Herz ist gut und schön wie die Natur.

Feldrose:

Verlerne nie vor künstlichem Prunk die einfachen Naturschönheiten zu bewundern.

Feldwicke:

Herrlich dessen Loos, der an Hand der Tugend die blumigen Naturgefilde durchwallt.

Feldwinde:

Die Wohlthaten und Beweise, die mir Deine Freundschaft bietet, sind mir erquickend, wie die Thautropfen Balsam für diese Blume sind.

Feuchelblüthe:

Meine Liebe und meine Absichten sind gleich rein.

Fenchgras:

Ich hege für Dich unveränderliche Gefühle.

Fettstrauch:

Deine Liebe zehrt Dich nicht, denn Du wirst stark dabei.

Feuerlilie:

Die Gluth zweier Sonnen ist zerstörend, eine Sonne ist genügend, Dein Herz zu erwärmen.

F e u e r r o s e :

Sie ist wie der Liebe heiliger Götterstrahl, der in die Seele schlägt und zündet.

F i e b e r k l e e :

Wie gerne gäb' ich Dir, was Dein kühnster Wunsch begehrt.

F i n g e r h u t :

Was sich liebt, das neckt sich um der Versöhnung willen.

F l a c h s b l ü t h e :

Dein freundliches Bild erweckt meine ermüdeten Augen zu erneutem Schauen.

F l a t t e r r o s e :

Kann ich wohl trotz Flatterhaftigkeit und Leichtsinn auf Dich bauen?

F l e c h t e :

Innige Ueberzeugung und Herzenseinklang soll das Band unserer Freundschaft sein.

F l i e d e r :

Aus jeder Deiner Mienen und jedem Deiner Worte spricht die Schönheit Deiner Seele.

F l o c k e n b l u m e :

Die Stunde verfliehen, doch unsere Freundschaft bleibt bestehen.

F l o r a b e l l a :

Du bist die süsseste Harmonie alles Guten, Wahren und Schönen.

F r a u e n h a a r :

Das Leben lehrt Dich nüchterne Besonnenheit, die Seele sagt Dir, wo Du der weisen Vorsicht nicht bedarfst.

F r a u e n - N a c h t v i o l e :

Willst Du wissen, was sich ziemt, so frage bei edlen Frauen an, mit ihnen ist das Schickliche geboren.

F r a u e n w e i l :

Frauenliebe ist ein unentbehrlich Ding im Leben.

F r ü h l i n g s - S a f r a n :

Du verstehst als Einziger die Regung meiner Seele.

F u c h s s c h w a n z :

Wer schmeichelt, der heuchelt; wer heuchelt, den hasse ich. Flieh vor mir, Schmeichler!

F ü n f f i n g e r k r a u t :

Ich warne Dich, von Deinem Vorhaben abzustehen.

G a l i p e a :

Herzensgaben und Herzensfreuden sind ohne Preis.

G a m a n d e r :

Die Welt soll von Dir nichts erfahren, weil Du die Welt in Deinen Freuden nicht erkennst.

G ä n s e f u s s :

Für wen bist Du so ganz abwesend?

G a r d e n i e :

Reden ist Silber, Schweigen zur rechten Zeit: Gold.

G a r i d e l l e :

Gerne verzeiht Dir meine Freundschaft, weil sie Dein gutes Herz nie verkannt hat.

G a t t e r b l u m e :

Willst Du mir nicht Deine Herzensgeheimnisse mittheilen?

G e i s s b a r t :

Deine Liebe hat zu sehr den Anschein der Sinnlichkeit.

G e i s s b l a t t:

Deine Liebe ist mir bereits unentbehrlich geworden.

G e i s s r e b e n b l ü t h e :

Die Lippe vermag nicht zu sagen, was das Herz auf einmal fühlt.

G e m s w u r z :

Suche aus der Schönen Kreise Dir die Würdigste wohl aus.

G e n e s t r e :

Warme Liebe und nie erlöschende Treue weiht Dir mein aufrichtiges Herz.

G e o r g i n e (r o t h e) :

Du suchst das Unerforschlichste der Schöpfung, das weibliche Wesen umsonst zu ergründen.

G e r a n i u m b l a t t :

Es beschämt an Duft viele Blüthen; für Dich athme es zart meine innigste Freundschaft.

G e r s t e n b l ü t h e :

Willst Du Liebe erwecken, so sei liebenswürdig.

G i t h e :

Bei irdischem Liebeshandel sind Käufer und Verkäufer gleich betrogen, denn für die heilige Liebe giebt es keinen andern Preis als sie selbst.

G l a n d u l a :

Deine Herzensgüte wird die Erfüllung meiner Bitte nicht verweigern.

G l a n z g r a s :

Warum hassest und verachtest Du mich?

G l a n z s t r a u c h :

Ich lese in Deinem Herzen für mich die Worte „Liebe und Freundschaft".

Glasschmelz:

Dein Glanz ist blendend, denn vor demselben schliesst sich das thränende Auge.

Glicine:

Bin ich Dir theuer und werth?

Glitsche:

Meine Liebe ist beständiges Feuer.

Glockenblumen (deren Zahl):

Bezeichnen die Stunde der Zudammenkunft.

Gnadenkraut:

Wenn Du vergissest und vergiebst, kehr' ich reuig zu Deinen Füssen.

Gnidie:

Einen Freund kann nur der haben, welcher es versteht, selbst Freund zu sein.

Goldblume:

Als Bild der Reinlichkeit und Lieblichkeit strahlst Du unter vielen Deines Geschlechts hervor.

Goldhaar:

In ihren seidigen Flechten malt sich Dein goldnes Haar.

Goldknöpfchen:

Dein milder Blick, Dein sanftes Lächeln können unmöglich täuschen.

Goodenie:

Du verstehst verliebt zu machen, doch nicht selbst zu lieben.

Granatblüthe:

Bist Du mir gut?

Grasblume:

Ich will Dir kein Vergnügen stören.

G r a s n e l k e :

Endlos scheinen mir die Stunden, die ich fern von Dir verbringe.

G r e n o b l e :

Kannst Du mich Schuldigen noch lieben?

G r o t t e :

Glühend drängt es mich, zu Dir zu sprechen, doch fehlt es mir an Worten hierzu.

G r ü n e s L a u b :

Mein Herz lässt nicht von Dir.

G r ü n k o h l :

Wir werden uns als Herzensfreunde lieben und achten.

G u n d e l r e b e n b l ü t h e :

Warum vergissest Du über neuer Bekanntschaften Deine alten bewährten Freunde?

G u r k e n b l ü t h e :

Liebesglück ist dann himmlisch schön, wenn es still und verborgen bleibt.

G y p s k r a u t :

Meine kleinen Herzensgeheimnisse will ich fest verschlossen darin halten.

H a a r g r a s :

Ich bin glücklich, Deine Bekanntschaft gemacht zu haben.

H a a r m o o s :

Ich durchschaue Dein speculatives Treiben, so künstlich und heimlich es auch ist.

H a a r s t e r n :

Warum so betrübt und weniger freundlich gegen mich?

Habichtskraut:

Ich ehre Dich, weil ich Dich fürchte, und fürchte Dich, weil ich Dich ehre.

Haferblüthe:

Wirke dort, wo Dich der Götter Wink zu wirken heisst; zu ausgedehntes Wirken ist Niemanden nützlich.

Haftdoldenblüthe:

Es entschlüpft der Liebe das der Freundschaft anvertraute Geheimniss.

Hagedornblüthe:

Dein Blick beeinflusst mich wunderbar wohlig und schmerzlich.

Hahnenkamm:

Du stössest alle Deine Freunde und Bekannten durch Deinen unerträglichen Stolz und Hochmuth von Dir.

Haideblümchen:

Ich kenne keine Einsamkeit mehr, denn Dein Bild umschwebt mich stets.

Haideröschen:

Bist Du auch vom Glücke nicht bedacht, hast Du doch die Zufriedenheit.

Handblume:

Werden wir jemals glücklich werden?

Hanfblüthe:

Du fängst Dich in Deinen eigenen Netzen.

Hartriegel:

Unglück wird die Schule Deiner Tugend sein.

Haselnussblüthe:

Du brauchst nichts zu fürchten, fromme Liebe steht unter Gottes Schutz.

Haselreis:

Suche die Welt nicht ausser Dir, die Schönere blüht in Deinem Herzen auf.

Hasenpappel:

Meine Rache besteht darin, dass ich Dir alles verzeihe. Es sei vergessen.

Hauswurz:

Genügt Dir stilles häusliches Glück?

Hederich:

Ich werde streben Deines Wohlwollens nie unwürdig zu werden.

Heidelbeerblüthe:

Dein Schweigen ist mir der Beweis Deiner Liebe, denn für das Heiligste fehlen Worte, nur das Gefühl hat seine stillen Zeichen dafür.

Heliotropium:

Die schönsten Blüthen menschlicher Tugend: Aufopferung und Selbstverleugnung mögen in Deinem Herzen reifen.

Helleborus:

Eine kleine Dosis dieser Pflanze könnte Dich vermögen schärfer zu sehen und weiser zu urtheilen.

Helonie:

Sei in Deinem Urtheile gerecht und nicht parteiisch.

Herbstlevkoje:

Wenn auch des Sommers Glanz entschwindet, der Reichthum innerer Seeligkeit erwärmt unsere Herzen.

Herbstrose:

Herzliche Wünsche für Dein Wohl können wohl verspätet kommen, aber nie zu spät.

H e r z b l u m e :

Der Zug des Herzens ist des Schicksals Stimme. Folge ihm.

H e t t o n i e :

Glückliche Eintracht verschönere stets unser Leben.

H i m b e e r b l ü t h e :

Aug' um Aug', Zahn um Zahn, Liebe für Liebe.

H i m m e l s k e r z e :

Beglückt, wem Gott verlieh, auf Erden schon der Erde Schuld in kurzem Schmerz zu büssen, und mit dem Schicksal ausgesöhnt im Lichte einst zu ruhen zu der Liebe Füssen.

H i m m e l s r ö s c h e n :

Warte das Schöne, das Himmlische treu, so quälet Dich nimmer Trübsinn und Reu.

H i m m e l s s c h l ü s s e l :

Der Schlüssel zu meinem Himmel liegt in Deinem engelreinen Herzen.

H i m m e l s t h a u :

Deine Achtung und Freundschaft verschönen mir das Leben.

H i r t e n t ä s c h c h e n :

Ich bin von der ganzen Welt verlassen.

H o l l u n d e r b l ü t h e :

Lass nie Leidenschaft wuchern, wo Freundschaft herrschen soll.

H o p f e n:

Wüsstest Du, was ich leide, wärest Du anders gegen mich.

H o r n k r a u t :

Ich bin nicht unverwundbar gegen Amors Pfeile.

Hortensia:

In vergeblicher Sehnsucht vertraure ich meine Zeit.

Huflattich:

Du wirst Niemanden gefallen, weil Du zu sehr Allen gefallen willst.

Hundszunge:

Du küssest meine Hand, doch ist der Hund, der die Hand seines Herrn leckt, treuer.

Hyacinthe (blaue):

Vom Himmel kommt das Schöne Dir, führ' es dahin zurück.

Hyacinthe (rosa):

Die Freundschaft mag unserer Herzen heiliges Band, in rauher Zeit die Freundschaft stets beschirmen.

Hyacinthe (violett):

Das Leben ist unermesslich schön, wenn man sich geliebt fühlt und wieder liebt.

Hyacinthe (virginische):

Dem Herzen, das ihn zu empfangen und zu erwidern versteht, gehört der schönste Himmelsschatz: die Liebe, an.

Hyacinthe (weisse):

Mein Herz zieht mich zu Dir, blasse Schwärmerin.

Hydrangea:

Deine Worte haben mir sehr wehe gethan, bitte, nimm sie zurück.

Hypericum:

Wunder geschehen auf der Welt nur durch treue, liebende Herzen.

Jacee:

Ich war nichts, bevor Deine Liebe mich beglückte.

Jacqinie:

Sei nicht so plauderhaft.

Jakobskraut:

Bei den Stürmen des Lebens ist Gottvertrauen das einzige rettende Mittel.

Jalappa:

Wird mich wohl Deine zarte Neigung auch immer so beglücken wie jetzt.

Jasmin (hochgelber):

Deine Liebe besteht ganz aus Seufzern und aus Thränen, aus Treue und aus Eifer, aus Phantasie, Leidenschaft und Wünschen.

Jasmin (spanischer):

Es ist nicht edel, immer nur an sich zu denken und über sein Ich der Freunde Gegenwart zu übersehen und zu trüben.

Jasmin (weisser):

Ich liebe Dich, weil Du in Achtung des Guten und des Schönen auch die Kraft hast, Gutes und Schönes auszuführen.

Jehovablümchen:

Bei Dir ist Freundschaft, Liebe, Weisheit und Natur, darum ist bei Dir mein Himmel.

Je länger, je lieber:

In Deiner süssen Nähe bin ich je länger, je lieber.

Jerichorose:

Nur ein böser Mensch ist es, der Dir nicht beim ersten Anblicke schon hohe Freundschaft und Achtung zollt.

Immergrün:

O dass sie ewig grünen bliebe die schöne Zeit unserer jungen Liebe.

Immerschön:

Du bist die Königin im Reiche der Schönheit.

Immortelle:

Unsere ewig blühende Freundschaft erlöscht nur das Grab.

Indigo:

Mein Stolz ist meine Liebe, meine Treue mein Ruhm.

Ingwerblüthe:

Was du sagst, ist ebenso gütig als zart ausgesprochen.

Iris (blaue):

Deine geheuchelten Gefühle verwehen, dass keine Spur davon übrig bleiben wird.

Iris (calcedonische):

Dein Herz ist edel und würdig, darum biete ich Dir meine aufrichtige Freundschaft.

Iris (felica):

Du zeigst in jedem Augenblicke ein neues Bild von Dir.

Iris (persische):

Gieb stets dem stillen Winke Deines Herzens nach.

Iris (tuberosa):

Nur verwandte Seelen suchen und verstehen sich ganz.

Johannisbeerblüthe:

Sich fromm, treu und wahr geliebt zu sehen, ist das wahrste Glück auf Erden.

J o n q u i l l e :

Ich habe mit Dir traurige Erfahrungen gemacht.

J u d e n k i r s c h e :

Wie Du mir, so ich Dir, Betrug um Betrug.

J u n g f e r n b l ü t h e :

Lieblich ist des Mädchens Blüthe, doch sie welkt im Sturm der Zeit, Unschuld nur und Herzensgüte trotzen der Vergänglichkeit.

K a f f e e b l ü t h e :

Deine Küsse müssen süss wie Nektar sein, darum lass mich schnell Dich küssen.

K a i s e r k r o n e :

Diese Krone ist dem geweiht, den die Liebe des Volkes als Vater und Freund segnet.

K a i s e r n e l k e :

Deine gelehrten Worte zerfliessen in blauen Dunst.

K a l a m i n t e :

Wenn auch mein Aeusseres kalt und gemessen scheint, hege ich doch treue und unveränderte Freundschaft für Dich.

K a n n e n k r a u t :

Fremde Grossmuth wird durch ein edles Gemüth nie missbraucht werden.

K a p u z i n e r k r e s s e :

Was werde ich leiden, wenn die Hoffnung, Dich zu sehen, mir nicht mehr den Geist mit froher Sehnsucht erfüllet.

K a r o t t e :

Ich will Dich meiden, so schwer es mir auch fallen mag.

Kartoffelblüthe:

Wenn Du Dich liebend einem Herzen weihst, wirst Du nie einsam und Dir selbst zur Last sein.

Kassie:

In Freundesmund wird die bitterste Wahrheit zu dem lieblichen Worte eines theilnehmenden Herzens.

Kastanienblüthe:

Du flössest allen die innigste Theilnahme ein, selbst da, wo Du sie nicht erwiderst.

Katzenkraut:

Bei Deinen Liebkosungen kommen, ehe man sich's versieht, die Krallen der Falschheit zum Vorschein.

Kelchbart:

Hast Du heute keinen Blick für mich?

Kerbelblüthe:

Du fühlst Dich, obwohl fremd, in meine Lage und stehst deshalb meinem Herzen näher.

Kirschblüthe:

Das Erröthen bei Deiner Ankunft mag Dir die stille Neigung, die ich zu Dir fühle, erkennen lassen.

Kirschlorbeerblüthe:

Schäme Dich nicht Deiner Liebe, sie ist die Zierde Deines fühlenden Herzens.

Klatschrose:

Du bist zwar eine Rose, doch Du trügst.

Klebgras:

Was ich einmal erwählet, halte ich ewig fest.

Klee:

Ist Dir meine Gesellschaft angenehm?

Klee (vierblättriger):

Mir lächelt das Glück nur, wenn ich es mit Dir theilen kann.

Kleinling:

Wer Muth zur Thätigkeit hat, für den ist Alles möglich.

Klette:

Meiner theilnehmenden Anhänglichkeit und sicheren Hilfeleistung kannst Du sicher sein.

Knoblauchblüthe:

Was ich für Dich fühle, ist höchste Gleichgiltigkeit.

Knörpelblume:

Gieb mir doch sprechende Beweise Deiner Liebe.

Königskerze (gelbe):

Fasse Muth. Dir blüht noch Glück.

Königskerze (schwarze):

Nach dem Kummer gelangst Du zur Freude.

Königskerze (violette):

Freundschaft und Liebe geleiten Dich durch des Lebens Irrwege.

Kohlblüthe:

Den schüchternen, bescheidenen Dulder erwartet Erhörung und süsser Lohn.

Kopalblüthe:

Aus Deinen blauen Augen will ich höchste Liebeswonne saugen.

Kopfblume:

Verliere mit dem Herzen nicht auch Deinen Kopf.

Korianderblüthe:

Es ist mir, als würde ich Dich Jahre hindurch kennen.

Kornähre:

Was Du forderst, kann nur die Zeit gewähren.

Kornrade:

Ich lebe nur für Dich.

Kraftwurz:

Das Herz hat eigne Kraft genug, sich selber zu belohnen.

Krappblüthe:

Ein verwundetes Herz ist höher zu schätzen als eines, das niemals gelitten.

Krauseminze:

Kommen Deine scharfen herben Worte auch aus Deinem guten Herzen?

Krebsblume:

Du machst in der Kunst der Liebenswürdigkeit zu Deinem Schaden nur Rückschritte.

Kresse (braune):

Wenn Freundeswort Dich nicht trösten kann, vermag allein die Zeit Dein Leiden zu mildern.

Kresse (indische):

Fasse den Augenblick, er kehrt nicht wieder.

Kresse (spanische):

Gedenke im Taumel der Freuden auch an mich.

Kreuzblatt:

Dein kränkendes Benehmen macht mich kälter.

Kreuzdorn:

Ich hasse Dich wie das Kreuz und den Dorn.

Krolius:

Die Antwort fordert langes Besinnen.

Kronenaster:

Mit der Anerkennung des Verdienstes nimm meine Wünsche für Dein dauerndes Wohl.

Kronenblume:

Glückselig jene, die liebend den nämlichen Weg beschreiten.

Kruzette:

Es scheint Dich Amors Pfeil tief getroffen zu haben.

Kuckucksblüthe:

Verschwende Deine Worte nicht, mein Vertrauen ist dahin.

Kugelamarant:

Wenn Du Dich von mir entfernt, verlierst Du immer mehr.

Kugelblume:

Das Glück ist unbeständig wie eine rollende Kugel, darum suche Dein Glück in Deiner Brust.

Kuhblume:

Du bist mir zu zudringlich.

Kümmelblüthe:

Mir ist nicht entgangen, dass eine heimliche Liebe Deinen Busen schwellt.

Kürbisblüthe:

Du würdigst den leidenden Hoffnungslosen noch immer keines Blickes.

Kylingie:

Der Schein trügt Dich, ich bin anders als ich scheine.

Labelie:

Dein gedenk ich stets in freundlichem Wohlwollen.

Labkraut:

Du allein vermagst die Sehnsucht meines Herzens zu stillen.

Lantane:

Unsere Liebe, eine Augenblicksblüthe, werde eine Frucht der Zeit.

Lappenblume:

Darf ich auf Dein gegebenes Wort bauen?

Lardone:

Liebe ist des Lebens Frühling, lebst Du der Liebe, hast Du den ewigen Frühling.

Laserkraut:

Pfui, ich fliehe Dich soweit nur möglich.

Lattich:

Was hat Dein schönes Herz so sehr erschreckt?

Laurentinum:

Seelenharmonie ist nur edler Charaktere Eigenthum.

Lavendel:

Die Erinnerung an Dich ist meine einzige stille Freude.

Lebensbaumblüthe:

Ein Augenblick war's, der mir vom Baume Deines Lebens die schönsten Blüthen brach.

Lebensblume:

Ein Tropfen Seligkeit ist jedem Menschen geboten: die Liebe.

Leberblume:

Deine Worte kommen aus dem Herzen und wissen auch zum Herzen zu gehen.

Legister:

Du hast ein gutes Herz, aber Dein Charakter ist zu alltäglich.

Lerchenbaumblüthe:

Du bist wie eine Lerche, hoch, frühauf und hell wie sie.

Levkoje (roth):

Wahre Freundschaft bleibt sich ewig gleich.

Levkoje (weisse):

Ich bin Dir innigst gewogen.

Lichtblume:

Das Lebenslicht einer zartfühlenden Seele ist ein verstehendes, gleichmässig entgegenschlagendes Herz.

Liebesblume:

Du kannst Dich der Achtung und Liebe aller guten Menschen erfreuen.

Lilie (chalcedonische):

Der Liebe würdig ist nur jener, der ehrenhalber sich im süssesten Augenblicke von der Liebe entfernen kann.

Lilie (graue):

Es ist besser zu hoffen, als zu verzagen.

Lilie (weisse):

Du bist unschuldig wie dies Symbol der Unschuld.

Limonelle:

Jage stets den Scherzen, aber nie den Grillen nach.

Lindenblüthe:

Sinnenliebe schwindet gleich dem Nachtthau von den Fluren, Seelenliebe besteht gleich dem gold'nen Gestirn des Tages.

Lindenstamm:

Seine Rinde nahm unsere vereinten Namen auf, nie möge die Zeit die Herzen lösen, welche seine dauernde Rinde verband.

Linsenblüthe:

Bewahre Dir mein Herz, es wird sich nie von Deinem entfernen.

L i t t o r e l l e :

Bescheiden schweigt die Grösse in der Natur, Prahlerei verräth den Zwergen nur.

L o b e l i e :

Frei, wie ich auf die Welt kam, will ich auch bleiben.

L o r b e e r b l a t t :

Dir ziemt nicht der stolze Siegeskranz, sondern der bescheidene Kranz der Tugend.

L o r b e e r d a p h n e :

So wie ihre Blätter immer grünen, möge Deine Treue auch durch Unglücksproben nie geschmälert werden.

L o t u s b l u m e :

Könnt ich doch die Zeit, die ich brauche, um Dir von meiner Liebe zu sagen, dazu benützen, um in Deiner Nähe glücklich zu sein.

L ö w e n f u s s :

Warum bringst Du mir nicht wie sonst günstige und liebevolle Gesinnung entgegen?

L ö w e n m a u l :

Dein muthwilliges Wesen wird sich einst bitter an Dir rächen.

L ö w e n z a h n :

Deine Nähe ist mir ungefährlich, Du bist zu verliebter Natur.

L u d w i g i e :

Ich weiss, was es heisst, glücklich zu lieben und glücklich geliebt zu werden.

L u p i n e :

Himmlische Reize und herrliche Blüthen des Geistes fand ich mit solchen des Herzens bei Dir vereint.

Luzerne:

Lass Deine böse Laune es mich nicht entgelten.

Maiblümchen:

Der Unschuld und der Hoffnung Freude weih' Dich im Mai des Lebens.

Mairose:

Lass uns die glänzenden und blühenden Tage der Jugend geniessen.

Maisblüthe:

Deine Ruhe und verstellte Freundlichkeit bringen mich noch der Verzweiflung nahe.

Majoranblüthe:

Bald wirst Du mit Deinem Geliebten am Altare vereint sein.

Malpighie:

Wie die Liebe unendlich ist, so ist es auch ihr Schmerz.

Malve:

Ich schätze Dich als theuersten Freund.

Mandelblüthe:

Mit Dir vereint möcht ich die Lande durcheilen.

Mangold:

Dein Herz hat falsche Töne, und ich will nicht der Stimmer sein, der die verstimmten Saiten zurechtbringt.

Mannesschild:

Fürchte nichts, die Liebe breitet ihre schützenden Fittiche über uns aus.

Mannestreu:

Weibertreu muss sich erst an des Mannes heiliger Treue bewähren.

Maranthe:

Jetzt, wo mein Herz blutet, vermagst Du zu scherzen?

Marienblume:

Die Frage, ob Du mich liebst, beschäftigt mich Tag und Nacht.

Marienglöckchen:

Dein grösster Schatz ist Dein gutes Herz, bilde dasselbe auch ferner aus.

Marienröschen:

Mein Herz ist für Deine Neigung nicht unempfänglich.

Massliebchen:

Selbst Wehmuth ist süss, wenn Du sie mit mir theilest, geliebter Freund.

Mastixblüthe:

Ich zolle Deiner Trefflichkeit achtungsvolle Anerkennung.

Maternal(gelber):

Missmuth und Unzufriedenheit führen Dich sicherlich noch auf Abwege.

Maternal(rother):

Die Farbe der Gesundheit sehe ich gerne wieder auf Deinen bleichen Wangen.

Maternal(weisser):

Unsere freundschaftliche Verbindung sei unschuldig, so wie die weisse Farbe dieser Blume das Symbol der Unschuld ist.

Mauerkraut:

Wer nur sich allein liebt, der kann bei Fremden keine Liebe finden.

Maulbeerblüthe:

Du irrst Dich, ich bin Dir freundlich gesinnt, liebe Dich aber nicht.

Maurocene:

Durch Laune wird nun gelöst, was Laune knüpfte.

Meergras:

Bedrohen unsere Liebe auch tausenderlei Gefahren, so werde ich sie doch zu besiegen wissen.

Meerrettichblüthe:

Dein Mitleid macht meine Thränen versiegen.

Meersenfblüthe:

Unsere Freundschaft ist auf geistige Vorzüge und deren Anerkennung gegründet, und wird darum ewig dauern.

Meerveilchen:

Warum schweifen in die Ferne, ist das Gute doch so nah?

Meerzwiebel:

Ich vergiesse Freudenthränen aus glücklicher Liebe.

Meisterwurz:

Du bist mir ein Bild der heuchlerischen Freundschaft, die sich verstellt und nichts sehnlicher erwünscht als des Freundes Untergang.

Melanthie:

Bist du wohl im Stande, meine Gedanken zu errathen?

Meldenblüthe:

Wir wollen in Freundschaft und Eintracht ein neues Leben beginnen und das alte vergessen.

Melilottenklee:

Mit der getäuschten Freundschaft schwindet auch mein Vertrauen zu Dir.

Melisse:

Flüchte an meine Brust, oft heilet Freundschaft die durch Liebe geschlagenen Wunden.

Melochie:

Ich bin Dir gut, weil Du wie ich die Blumen liebst.

Melonenblüthe:

Es ist an Dir zu loben, dass Du dich zu beherrschen verstehst.

Milchkraut:

Du bist im Irrthum, wenn Du in unmässiger Liebe Befriedigung suchest.

Mille:

Wie die sinkenden Schatten des Abends, so wachse unsere Freundschaft bis ins Unendliche.

Milzkraut:

All' meiner Wünsche Erfüllung ist in Deinem Herzen.

Mimose:

Die grosse, schöne Seele, die Du umschliessest, wird durch Deinen edlen, ernsten Stolz bekundet.

Mispelblüthe:

Nicht immer machen drei ein Collegium, oft genügen auch zwei dazu. Entferne Dich deshalb aus unserer Gesellschaft.

Mistelblüthe:

Der Hass brauchet wohl eine Erklärung, die Liebe aber erklärt sich durch sich selbst.

M o h n :

Dein schläfrig-phlegmatisches Temperament kann keine bedeutenderen Regungen Deines Herzens aufkommen lassen.

M o h n (g e f ü l l t e r) :

Unsere Freundschaft ist durch Deine Bewährung in vielen Prüfungen gestählt.

M o l l e :

Wenn Du Dich stets für klüger als andere hältst, wirst Du im Leben noch oft betrogen werden.

M o n a r d e (f l e i s ch f a r b e n e) :

Dein erster Blick hat mir gezeigt, dass Deine Seele rein und wahrer Freundschaft fähig ist.

M o n a r d e (p u r p u r r o t h e) :

Für mich giebt's nur im Grabe Frieden.

M o n a t s r o s e :

Wenn ich sicher wäre, dass Deine Gefühle nicht vorübergehende Triebe sind, fühlte ich mich überglücklich.

M o n d k r a u t :

Du hast mich zum Leiden verurtheilt, ich habe dies Leiden bereits liebgewonnen.

M o n d v i o l e :

Aus Mondenschein und Maienblüthen saugt Deine Liebe Nahrung für ihr Schmetterlingssein.

M o n t i e :

Verachte das Urtheil der Welt und bewahre mir Deine beglückende Liebe.

M o o s :

Die Hoffnung allein erhält den Menschen, erstirbt sie, so schwindet der letzte Reiz menschlichen Daseins.

M o o s r o s e :

Ich will mich ganz nach Deinem Vorbilde halten, und Deine hohe Tugend mir als Muster voranleuchten lassen.

M o r e a :

Nur liebende Seelen verstehen sich vollkommen.

M o r e l l e :

Mein Herz gehört gänzlich Dir.

M o r g e n st e r n :

Fest wie dieser stehe unsere in lichten Himmelshöhen geflochtene Freundschaft und Liebe.

M o r i n d e :

Gewähre mir Deine Achtung und Dein Wohlwollen, denn sie sind meines Lebens höchstes Ziel.

M o s ch e l l e :

Bist Du meiner vielen Leiden werth?

M o s ch u s k r a u t :

Ich erkenne leider, dass Dein Herz keines edleren Gefühles fähig ist.

M u s c a t b l ü t h e :

Ich kehre zurück, da ich erkenne, dass die Entfernung meine Liebe nicht heilen kann.

M u s s a n d e :

Weile und zögere nicht länger, denn jeder Verzug bringt uns Verderben.

M u t t e r w u r z :

Wie in Deinen Augen hohe Mutterliebe zum Ausdrucke kommt, so wächst auch mir des Lebens Werth in Deiner edlen Liebe.

M y o s i n e :

Ich wollte Dich nicht kränken und nehme das Gesagte zurück.

Myrica:

Benütze den glücklichen Moment zum Heitersein.

Myrobolane:

Die Liebe hat keine Sprache, aber tausend Zungen sie zu verkünden.

Myrrhenbaumblüthe:

Mein Entzücken, Dich zu besitzen, hat keine Grenzen.

Myrsine:

Von der Erde Freundenbild wend' ich trauernd den Blick ab zum Ewigen.

Myrthenblüthe:

Der Myrthe jungfräulicher Kranz kröne das Glück Deines Lebens.

Myrthenreis:

Es bleibt stets grün, denn die Kränze, die treue Liebe flicht, verwelken nimmer.

Mysodie:

Ich bin höchlichst beunruhigt, Dich am bestimmten Orte nicht zu finden.

Nachtkerze:

Wenn auch die ganze Welt in tiefen Schlummer versenkt ist, mein treues Herz wacht liebend über Dir.

Nachtschatten:

Die Täuschung ist entschwunden, und tiefe Wehmuth beschleicht mein Herz.

Nachtviole (dunkelblaue):

Die schöne Nacht vereine uns in innigster Vertraulichkeit.

Nachtviole (einfache):

Du gleichst in Deinem hohen stillen Wirken dem lieblich im Verborgenen blühenden Blümlein.

Nachtviole (gefüllte):

Wie sie tagsüber ihren süssen Duft in sich verschliesset, so bewahrst Du Dein treues Herz mir allein.

Nachtviole (weisse):

Wie meine treue Freundschaft im Gewühle der Dich umgebenden Anbeter schweigt, so öffnet sie nur in der einsamen Dämmerung sicherem Schatten ihre unschuldfarbigen Kelche.

Nagelkraut:

Warum vermiss ich an Dir nun die offene Vertraulichkeit, die mich stets früher entzückte.

Najade:

Endlos scheinen mir die Stunden, die mich von Dir trennen.

Nandine:

Dieser Blick soll Dir die ganze Wärme meiner hingebenden Freundschaft offenbaren.

Narde:

Deine Reizbarkeit lässt Dich des Lebens Glück nicht erlangen.

Narcisse (gelbe):

Dein kokettschwärmerisches Wesen gleicht dieser schönen Blüthe, welche stolz sich erhebt, um das Köpfchen schmachtend zu senken.

Narcisse (wohlriechende):

Nur eine edle Seele versteht es, edle Seelen anzuziehen und festzuhalten.

Narcisse (doppelfärbige):

Deine Tugend und Schönheit gewinnen durch die sie begleitende Bescheidenheit doppelt an Werth.

N a t t e r k o p f :

Wie dieses Kraut Gemeinheit des Blattes mit erhabener Pracht der Blüthen vereint, so vermählet sich oft mit rauhen Sitten ein edler Geist.

N a t t e r z u n g e :

Die schlechtesten Früchte sind es nicht, welche die Schlangenstiche der Verleumdung verwunden.

N e l k e (b r a u n e) :

Das Beben meiner Dir gebotenen Hand verrathe Dir des Herzens heissestes Gefühl.

N e l k e (b u n t e) :

Gewähre, was Du fühlst, Du kannst nur Gutes fühlen, und um Gutes zu thun, bedarf's keiner Ueberlegung.

N e l k e (ch i n e s i s ch e) :

Schenk' mir in Gedanken nur einen Augenblick, ich denke stets Dein.

N e l k e (e i n f a ch e) :

Einfach wie sie hat Dich die Natur gebildet, deshalb lieb' ich Dich.

N e l k e (r o t h e) :

Du kannst nicht länger widerstehen, wenn Du den Grad meiner Achtung und Liebe erkennen wirst.

N e l k e (w e i s s e) :

Du bist das Symbol innigster Freundschaft, denn du veränderst die Farbe nicht eher, als bis Dich der Tod entblättert.

N e s s e l b l ü t h e :

Die Gluth der Liebe zehrt Frohsinn Dir und Heiterkeit des Gemüthes auf.

N i g e l l e :

Fühle mein Herz allgewaltig an dem Deinen pochen.

Nikoline:

Der goldene Ring, der Dir in Aussicht steht, verheisst nicht immer auch goldene Tage.

Nolane:

Liebst Du ein Wesen recht vom Herzen, kommt alles andere Dir auch liebenswerth vor.

Nonpareille:

Der Lüge und der Prahlerei wird oft der Sieg zu theil, doch feiert Beharrlichkeit einen schöneren Sieg über beide.

Nussbaumblüthe:

Mein Herz schwankt zwischen der Hoffnung, Dich zu besitzen, und der Furcht, Dich zu verlieren.

Nusskraut:

Viel Lärm um Nichts.

Oebisblüthe:

Ich kann Deinen Worten keinen Glauben schenken, Du sprichst zu selten die Wahrheit.

Oelpalme:

Erhalte stets den Frieden Deines Herzens, er allein schafft Dir seelische Freuden.

Oelzweig:

Stiller Friede ist das festeste Siegel der wahren Liebe.

Oleander:

Bei Dir walten Neid und Glanz vor, weil Dir die Natur an Stelle eines warmen fühlenden Herzens nur äussere Schönheit gegeben.

Oleaster:

Dein Segen fehlt zur Begründung des Glückes, den wir von unserem Bunde hoffen.

Olivenblüthe:

Des schwachen Weibes schönste Gefährtin ist die Duldsamkeit, denn sie besiegt des Mannes Stärke.

Opantie:

Du bist mir zu geschraubt und zu gelehrt.

Orangenblüthe:

Mit Frohsinn, Wohlgefühl und Kraft mögen Dich wie der Duft dieser Blüthe - die Lebenslüfte umwehen.

Orchis (blaue):

Dein Bild wird stets in meinem Herzen wohnen, wenn schon nie Deines Lächelns Sonnenschein mich erwärmte.

Orchis (rothe):

Du bereitest mir grundlose Sorgen.

Orchis (weisse):

Ich behalte stets die gute Meinung von Dir, suche mich in diesem Vertrauen nicht zu täuschen.

Ortegie:

Du kannst lieben, jetzt glaub' ich an Dich.

Osterblume:

Des Lebens Heiligthum ist mir nun erschlossen, da ich das Ideal meiner Träume in Deinem Herzen finde.

Osterluzei:

Unsere Herzen harmoniren zwar mit einander, aber sie erwärmen sich und glühen nicht für einander.

Othere:

Die schwere Mühe, Dein Herz zu begreifen, wird nun durch Deine grenzenlose Liebe belohnt.

P a ch y s a n d r a :

O könnt ich doch den Sturm in Deiner Seele beruhigen.

P a l l a s i e :

Thränen der Sehnsucht gehen nicht verloren, sie werden vom Schosse der ewigen Liebe aufgenommen.

P a l m b a u m :

Wo Freude und Ruhe walten, wie unter der erhab'nen Palme kühlem Schatten, da winket der Freundschaft ein friedliches Asyl.

P a l m b l ü t h e :

Die Palme, die den Sieger lohnt, reift nur in harten Prüfungsstunden.

P a n t o f f e l b l ü t h e :

Ich frage Dich : Sind Dir der Ehe rauhe Seiten auch bekannt?

P ä o n i e :

Dein Stolz ist unerträglich.

P a p p e l z w e i g :

Du bist das gewaltigste Plappermaul der ganzen Welt.

P a p y r u s :

Für getrennte Seelen erfand die Natur die Schrift, sie stelle eine Verbindung zwischen uns her.

P a r t h e n i e :

Darf ich hoffen der Glückliche zu sein, der Dein Herz erobert?

P a s s i o n s b l u m e :

Dein arger Schmerz wird jenseits durch die Krone ewiger Glückseligkeit verklärt werden.

Pastinakblüthe:

Ich liebe Dich so sehr, als Du werth bist von mir geliebt zu werden.

Patientia:

Willst Du Amors Schüler sein, so übe Dich in Geduld.

Pechnelke:

Der Arm, der Liebenswerthe umschlingt, ist die Liebe selbst.

Perlblume:

Meine treue Freundschaft soll Deine fliessenden Thränen stillen.

Pertotis:

Du kannst auf Deine innige Liebe süsse Zukunftshoffnungen gründen.

Petersilienblüthe:

Wie oft warst Du schon verliebt?

Pflaumenblüthe:

Lies in meinen Blicken, was ich nicht zu sagen wage.

Pfefferblüthe:

O möchtest Du doch fühlend schauen, was meines Auges stumme Bitte spricht.

Pfefferminze:

Falsche Herzen, wie es Deines ist, finde ich zur Genüge.

Pfeifenstrauch:

In Deiner Nähe war mir wohl, jetzt bin ich einsam und verlassen.

Pfeilkraut:

Mit dem goldenen Pfeile der Freundschaft trafst Du mein Herz, er wird darin stecken bis des Todes Macht das Herz mir bricht.

Pfingstnelke:

Unvergesslich bleiben mir die mit Dir verbrachten schönen Stunden.

Pfirsichblüthe:

Zart wie diese Blüthe ist Deine holde Erscheinung.

Phaseole:

Oeffne mir wieder Dein Herz, um mich an dem hohen Gehalte desselben zu erfreuen.

Physalis:

Seit ich Dich habe, kenn' ich das Gute und Schöne.

Pimpinelle:

Nur eine unumschränkte Erklärung kann unser früheres Verhältniss wieder herstellen.

Pinienblüthe:

Schmücke Dich nicht mit gestohlenen Federn, sie können Deine Gehaltlosigkeit nicht verdecken.

Pisangblüthe:

In Dein edles Herz fiel mein erster unentweihter Liebesblick.

Pistazienblüthe:

Süss wie die Blüthe duftet Dein Rosenmündchen mir.

Platanenblüthe:

Unsere liebenden Herzen mögen sich unter dem grünen Dache seiner heiligen Zweige bergen.

Polley:

Du fliehst mich nun so eifrig als Du mich früher suchtest. Warum?

Polymnie:

Mein Schweigen soll Dir nur willkommen sein.

Porzellanblümchen:

Des Lebens Blüthen müssen mit zarter Hand gepflückt werden, es kommen die Zeiten, wo Dir keine mehr blühen.

Potentille:

Erkläre Dich deutlicher, ich verstehe Dich nicht.

Preisselbeere:

Es hängt alles von der Beständigkeit Deiner Gefühle ab.

Primel:

So rein und zart wie diese Blüthe, sei auch Dein Gemüth.

Protea:

Es kann zwischen uns nur von geschwisterlichem Wohlwollen die Rede sein.

Pteronie:

Ich gebe mich gern in Deinen Freundschaftsbanden gefangen, ich fühle den wonnigen Zauber derselben.

Pyrola:

Auf dem hehren Altare der Freundschaft ist mir kein Opfer für Dich zu gross.

Qualée:

Wie rührend-lächerlich Du bist.

Queckengras:

Ich rufe mir mit Wonne jedes Deiner Worte in Erinnerung zurück.

Quendel:

Und wenn Du noch so raffinirte Künste der Koketterie anwendest, so scheitern dieselben doch an der Treue meines Herzens.

Questenblüthe:

Am leichtesten verletzbar sind geliebte Personen.

Quittenblüthe:

Die reife Frucht dieses Baumes sei Dir ein Symbol des reichen Segens der ehelichen Liebe.

Rade:

Ich verzeihe Dir, da ich Dir Freund bin.

Radieschen:

Wenn Du im Guten treu verharrest, blüht Dir der Erde Seligkeit.

Ranunkel (einfache):

Ich erwidere Deine stille Neigung mit der innigsten Gegenneigung.

Ranunkel (gefüllte):

Unsere Freundschaft ist unbesiegbar.

Rasselblume:

Ich verabscheue Deine Lockungen und Liebkosungen.

Raute:

Deine Worte gehen nicht vom Herzen und dringen auch nicht in mein Herz.

Rebendolde:

Die in Deiner Nähe verbrachten Augenblicke zählen zu den schönsten meines Lebens ; könnte ich sie nur verdoppeln.

Reseda:

Wie diese Blüthe ohne Farbenpracht still duftet, so besitzest Du beglückende häusliche Talente ohne äusserlichen Prunk.

Rettichblüthe:

Die Liebe kann Thränen verstehen, denn sie hat selbst Thränen.

Riedgras:

Das geliebte Wesen will nicht nur geliebt sein, es verlangt auch in Deiner Seele zu lesen.

Riemenblüthe:

Herzensfreunde sind des Lebens Trost.

Ringelblume:

So unendlich wie der goldige Ring dieser Blume ist meiner Liebe Lauterkeit.

Rispenblüthe:

Lass mich sanft und traulich an Deiner holden Seite ruhen.

Rittersporn:

Wüsstest Du, wie sehr ich Deiner führenden Hand bedarf, Du würdest nicht länger zögern, sie mir zu reichen.

Robinie:

Das süsseste Gefühl auf Erden ist, durch Liebe beglückt zu sein und mit Gegenliebe beglücken zu können.

Röhrenblume:

Schlägt Dein Herz wirklich für mich?

Rogenie:

Ich bin Dir gut und werde es auch ewig bleiben. Bewahre aber dies Geständniss wohl.

Roggenblüthe:

Mein Glaube an Deine Treue ist unerschütterlich.

Rohnenblüthe:

Bist Du wieder mit mir versöhnt?

Rohr:

Beuge diesem Sturme gegenüber Dein Haupt in kluger Weise und Du wirst aufrecht bleiben.

Rose (dunkle):
Wem es an Liebe gebricht, dem sind des Lebens Tage verdunkelt.

Rose (gelbe):
Dieser Blume Farbe gemahnt mich an den neid'schen Blick Deiner Augen.

Rose (japanische):
Du bist die Herrlichste, weil Bescheidenste.

Rose (rothe):
Sie ist das Pfand der Liebe und der Treue.

Rose (weisse):
Ihre bleichen Blätter deuten Dir auf ewiger reiner Liebe Glück, denn es mangelt ihr an ird'scher Gluth.

Rosenblatt (rothes):
Ja!

Rosenblatt (weisses):
Nein!

Rosendorn:
An Deiner Seite wird der Rose Dorn stumpf.

Rosenknospe (aufbrechende):
Im tiefsten Herzensgrunde verborgene unbewusste Neigung.

Rosenknospe (mit Dornen):
Die hoffende Liebe mit den Zweifeln der Ungewissheit.

Rosmarinblätter:
Der Trennungsschmerz ist arg, doch tröstet mich Dein Versprechen, mich nie zu vergessen.

Rosmarinblüthe:
Wenn alle meine Lebensfreuden vergangen sind, bietet sie dem müden Erdenpilger einen ernsten dunklen Kranz am Ruheorte.

Rotema:

Dein ungleichmässiges Benehmen kränkt mich tief.

Rübenblüthe (gelbe):

Es durchbebt mich tiefer Schmerz, weil ich Dich verletzt habe.

Rübenblüthe (weisse):

Möchte doch Deine Freundschaft bestehen, bis wir uns wieder sehen.

Rüsterblüthe:

Ich bin durch Deine Worte gänzlich entmuthigt worden.

Saflor:

Meine innigste Ehrfurcht biet' ich Dir.

Safranblüthe:

Ich träume nur dann süss und angenehm, wenn der Traumgott mir Dein Bild im Schlafe zeigt.

Salatblüthe:

Möge die Vorsehung meine guten Wünsche für Dich in Erfüllung gehen lassen.

Salbei:

Viel Glück zur Genesung, aber es scheint, Du brauchst noch eine Seelenarzt.

Samare:

Ich bin glücklich, Dir mit dieser Kleinigkeit gedient zu haben.

Sammtblümchen:

Eher hätte ich den geistigen Tod als den Tod unserer Liebe erwartet.

Sammtnelke:

Meine treue Freundschaft lässt mich auch diese Enttäuschung verschmerzen.

Sammtrose:

Es entzückt mich zu wissen, dass die gleichen Regungen uns beseelen.

Sanddorn:

Diese Ungewissheit ist unerträglich. Sprich mein Urtheil!

Sandnelke:

Sie ist ein Bild Deines schönen Charakters : der bescheidenen Verschwiegenheit.

Santoline:

Hat man Dir auch meine Hand geraubt, mein Herz ist Dein geblieben.

Saturey:

Mich belebt die Hoffnung Dich bald wiederkehren zu sehen.

Sauerampferblüthe:

Es ist mir unangenehm, mich stets von Dir verfolgt zu wissen.

Scabiose:

Wo ist die Sprache des alten Vertrauens geblieben, das uns früher vereinte.

Schafgarbe:

Bist Du in der That so unwissend, als Du Dir den Schein gibst zu sein?

Schierling:

Reiner Liebe Gewalt weicht auch dem Tode nicht, denn der Traum derselben ist die unerfüllte Ahnung einer jenseitigen Seligkeit.

Schilf:

Warum lässt sich Dein Herz so leicht täuschen?

Schlagblume:

Sie ist das Symbol der unergründlichen Frauenlist.

Schlehenblüthe:

Du verursachst mir Unruhe und Beklommenheit, obwohl mein Herz voll von Liebe für Dich ist.

Schleifenblume:

Deine Ansprüche sind grenzenlos.

Schlüsselblume:

Ich bin von Deiner Anmuth und Tugendhaftigkeit bezaubert.

Schneeball:

Und wenn Du Dich noch so gefühllos stellst, einmal erreicht Dich Amors Pfeil sicherlich.

Schneeglöckchen:

Freue Dich der Gegenwart und Zukunft und gönne der Erinnerung an eine trübe Vergangenheit keinen Platz in Deinem Herzen.

Schneetropfen:

Wie unter dem Schnee die Blätter dieser Pflanze strahlen, so blühet Deine Unschuld schön unter den ihr auferlegten Leiden.

Schnittlauchblüthe:

Ich werde Deinen guten und herzlichen Rath befolgen.

Schöllkraut:

Ich muss Dir die Erfüllung Deines Wunsches aus gutem Grunde leider versagen.

Schwalbenwurz:

Habe ich Dich gekränkt und erzürnt, weil Du mich so trübe anblickst.

Schwarzdorn:

Ertrage die Prüfungen, sie erschliessen Dir die schönsten Tugenden.

S c h w a r z s c h l u n d :

Dein Herz wird nach den Stürmen, welchen es jetzt ausgesetzt ist, auch wieder glückliche Tage erleben.

S c h w e r t e l :

Die Wunden, die Du schlägst, musst Du auch selbst wieder heilen.

S c h w e r t l i l i e :

Du erfüllest mein Herz mit freudiger Hoffnung, um es darauf wieder in Zweifel zu stürzen.

S c h w i n d b l u m e :

Die Stunden in Deiner lieben Nähe sind geeignet, mir den Mund zu schliessen und das Herz sprechen zu lassen.

S e d u m :

Ich kann und werde Dir nicht zürnen.

S e e g r a s :

Warum bist Du heute so steif und gespannt wie diese Pflanze.

S e e r o s e :

Nur wenigen, die zu lieben glauben, ist es gegeben, ein Freund im edlen Sinne des Wortes zu sein.

S e e t u l p e :

Deine Nase ragt zu sehr über das Niveau edler Bescheidenheit hinaus.

S e i d e l b a s t :

Mein Herz bringt Dir das nämliche Vertrauen entgegen.

S e i d e n p f l a n z e :

Ewig jung und duftend mögen die Rosenbande unserer Liebe bleiben.

Seifenblume:

Ich suchte Dich und fand Dich, und mein Herz erfüllet darüber helle Freude.

Sellerieblüthe:

Für mich sind die Freuden des Lebens vorüber, denn in meinem Herzen tobt das Gefühl tiefster Reue.

Sensitive:

Durch Liebe gestimmte Herzen erbeben im leisesten Hauche.

Sichelkraut:

Mir ist die Sprache Deiner Blicke unverständlich.

Seriophon:

Zu heftige Gefühle dauern selten lange.

Sidonie:

So wie mich Deine Sanftmuth fesselt, entzündet Deine Schönheit mein Herz.

Siegwurz:

Unserer Liebe droht durch böse Zungen Verrath. Hüte Dich.

Silene:

Wie glücklich wäre ich, am Abende im Genusse unserer unschuldigen Liebe schwelgen zu können!

Silphie:

Ich empfinde Deine Leiden mit. Deine Thränen treffen auch mein verwundetes Herz.

Sinngrün:

Das Herz allein vermag dauernd zu fesseln, Verstand und Witz ergötzen nur dasselbe.

Smerlenblüthe:

Wenn ich Dir gegenüberstehe, finde ich nicht den Muth Dir zu gestehen, was mein Innerstes so tief bewegt.

Smyrnie:

Soll ich ganz aus Deiner Nähe ziehen?

Sockenblume:

Darf ich mich nicht der Hoffnung hingeben, Dein Herz zu erweichen?

Soldanelle:

Es ist schon viel, Dich zu besitzen, aber Dich zu verdienen ist Seligkeit.

Sommerwurz:

Man braucht nicht stürmisch zu sein und kann dennoch zärtlich lieben.

Sonnenblume:

Sie wendet sich stets der Sonne zu. Was ihr das Sonnenlicht, ist Deine Liebe meinem Leben.

Sonnenthau:

Die goldne Zeit des Lebens ist der Liebe Seligkeit.

Sophienkraut:

Eine kluge Freundin, wie Du es bist, ist des Himmels allerherrlichstes Geschenk, denn der treulosen Freunde Schwarm verfliegt beim ersten Sturme.

Sophore:

Was die Wahrheit für den Weisen ist, das ist Schönheit für den Empfindsamen.

Spargelblüthe:

Ich reiche Dir die Hand zum treuen Bunde, will auch das Schicksal uns auseinanderreissen.

Spierstaude:

Ein kleiner Theil meiner Liebe würde hinreichen, um alle Deine Wünsche zu befriedigen.

Spinatblüthe:

Willst Du mir für's Leben angehören?

S p r e u b l u m e :

Meine Freiheit gab ich für Dein Herz hin.

S t a ch e l b e e r b l ü t h e :

Ich verkannte Dein treues Herz, verzeih' die Regung meiner Eifersucht.

S t a p e l i e :

Du wandelst in Liebe und Hoffnung, da sollte Dir auch der Glaube nicht fehlen.

S t e ch a p f e l :

Deine Liebe bietet mir ebensoviel des Honigs als der Galle.

S t e i n b l u m e :

Warum unterdrückst Du die Stimme Deines Herzens? Die Natur lässt dies nicht ungestraft zu.

S t e i n b r e ch :

Warum warst Du gegen mich so hart und grausam, wo Du doch sonst so gut und sanft bist?

S t e i n l i n d e n b l ü t h e :

Ich vermag die Stimme meines Herzens, die für Dich spricht, nicht zu unterdrücken.

S t e i n r ö s ch e n :

Du bist so herzlos, um des Dir angenehmen Umgangs halber mein Glück und den Frieden meines Herzens auf's Spiel zu setzen.

S t e r n b l u m e :

Wie kann ich in der Nähe des Jugendfreundes weilen, ohne ihn zu lieben?

S t i e f m ü t t e r ch e n :

Es blickt so mild, so lieb und gut und gleichet dem frommen Mutterherzen, das dem fremden Kinde Glaube, Liebe und Hoffnung weihet.

S t r e i ch b l ü m ch e n :

Es wäre einmal an der Zeit, Deinen Thorheiten ein Ende zu machen.

S t u r m h u t :

Bevor ich das Glück meiner Zukunft Deinem Spruche unterwerfe, will ich Deiner Liebe sicher sein.

S u m a ch:

Ich will nie das zu sein nur scheinen, was ich wirklich bin.

S u m p f k l e e :

Möge das Glück Dir stets lächeln.

S u m p f v e i l ch e n :

Du bist so begehrenswerth, dass Du kaum Blicke für alle diejenigen finden wirst, die sich in stiller Liebe Dir nahen.

S ü s s h o l z :

Du bist zu süsslich sentimental, als dass ich an die Festigkeit Deines Charakters glauben könnte.

S ü s s k l e e :

Ich kehre reuig an Dein verkanntes Herz zurück.

S y r e n e :

Du verlangst in dieser kurzen Zeit zu viel von mir.

T a b a k s b l ü t h e :

Nur eine Liebe kann mein Herz beherrschen, darum nahe ich mich Dir.

T a m a r i n d e n b l ü t h e :

Ich bin voll Bewunderung und Achtung für Dein ritterliches Gemüth.

T a m a r i s k e n b l ü t h e :

Ich zweifle daran, der einzige Gegenstand Deiner Liebe zu sein.

Tannenblüthe:

Auf Deiner finsteren Stirne ist Unmuth und bitterer Verdruss zu lesen.

Tarant:

Ob Dein Seelenzustand unheilbar ist, kann ich nicht entscheiden ; dass er gefährlich sein mag, geb' ich zu.

Taubnessel:

Kalt lassen mich die Verheissungen Deiner Liebe, taub Deine Versprechungen und Galanterien.

Tausendguldenkraut:

Bitter ist es wie die ausgesprochene Wahrheit, aber ebenso heilkräftig.

Tausendschön:

Das Schönste ist für uns, was wir wahrhaft lieben.

Taxus:

Du wirst Deiner bewunderungswürdigen Geduld die schönsten Früchte zu verdanken haben.

Tazette:

Mein sehnsüchtigster Wunsch ist, Dir ganz angehören zu dürfen.

Telephie:

Ich fühle in Deinen Worten den scharfen Pfeil, der mein Herz tödtlich zu verwunden berufen ist.

Thalie:

Deine Freundschaft ist mir begehrenswerther als Deine Liebe.

Theeblüthe:

Dir weih' ich meine Liebe und meinen Glauben.

Theriakblüthe:

Dich reizt mein Gold, aber nicht mein Herz.

T h r ä n e n g r a s :

Deine Thränen sind nicht achtenswerth, sie ergiessen sich zu oft und versiegen zu schnell.

T h u r m k r a u t :

Es ist verborgen und mit wenigem glücklich, nimm Dir ein Beispiel daran.

T h y m i a n :

Einheit der Seelen ist das höchste Gut.

T i l l e :

Deine zarten Aufmerksamkeiten erfreuen mein Herz.

T o d t e n b l u m e :

Du hast zu unangenehme Eigenschaften, als dass man Dir gut sein könnte.

T o r m e n t i l l :

Wie herzlich gut ich Dir bin, magst Du aus meinen Augen lesen.

T r a g a n t :

Deine Freundschaft und Achtung sind das Siegel meiner treu freundschaftlichen Gefühle.

T r a u e r f l o r :

Ich weih' Dir mein gebrochenes Herz mit dieser letzten Abschiedsthräne.

T r a u e r w e i d e :

Mein Herz erzittert in Erinnerung an Deine entschwundene Gegenwart.

T r e s p e :

Nimm mein Leben, aber lass mir Deine Freundschaft.

T r e u h o l d :

So treu und hold, wie dies Blümleins Auge ist, eilen meine Blicke Dir zu.

Trichostema:

Ich muss Dich bitten, meine Freundschaft nicht zu missbrauchen.

Trientale:

Deine feurige Jugendliebe denkt wohl nicht an die Grenzen und Folgen ihrer Gluthen.

Tropfblümchen:

Es ist mein eifrigstes Bestreben, Deiner kaum geahnten Bitte mit der Erfüllung zuvorzukommen.

Tuberose:

Unser Herzensbund war beschlossen und besiegelt, ehe wir es recht ahnen konnten.

Tugendblume:

Als Symbol der Tugend ist sie Dein Reichthum, Dein Schmuck und Dein Idol.

Tulpe:

Du stumme Prachtgestalt! Wo ist Dein inn'rer Werth?

Turnere:

Willst Du mir die Freude Deiner Begleitung schenken?

Türkenbund:

Werden Deine schelmischen zündenden Blicke wohl noch viel Unheil anrichten?

Türkine:

So wie Du Dich zärtlich an mich schmiegst, drücke ich Dich innig an mein liebend Herz.

Typhe:

Ich werde aber doch nicht andern nachstehen müssen?

Ulmenblüthe:

Die Entfernung von Dir wird die Gluth meiner Liebe nicht nur nicht verlöschen, sondern zu noch hellerer Flamme anfachen.

U n s t ä t k r a u t :

Du findest nicht an tiefem Gefühle, sondern nur an Glanz und Koketterie Vergnügen, und wirst deshalb an Geist und Herz gänzlich verarmen.

U r a n i a :

Unsterblich und unvergänglich schlingt die Mutterliebe des Lebens Rosenkranz um des geliebten Kindes Herz.

U r l e n b l ü t h e :

Warum verbirgst Du es, dass Du mich liebst?

U s t e r i e :

Wo die Pflicht mit der Liebe in Zwiespalt geräth, muss erstere fest bleiben.

V a l a n t i e :

Der Verlust Deiner Freundschaft trifft mich nur halb, da ich auf selbe nur bedingt zählte.

V a l e r i a n e :

Die Gluth meiner Liebe lodert stündlich in stärkeren Flammen auf ; warum hast Du mir die Ruhe meines Herzens geraubt?

V a n i l l e n b l u m e :

Ich überlasse Dich keinem andern, ich verstehe Dich allein, und Du bist mein Alles in der Welt.

V e i l ch e n (A l p e n-) :

Mit reinen Trieben acht' ich Dich über alles.

V e i l ch e n (M ä r z-) :

Ich weihe Dir meine treu verschwiegene Liebe, lass sie da den Tod erleiden, wo ich so gerne volles Leben fände.

V e i l ch e n (d o p p e l t e s) :

Verborgen blühst Du, und blau ist Dein Kleid, blau ist die Farbe der Beständigkeit.

Veilchen (weisses):

Deine Demuth und Bescheidenheit sind die goldene Fassung Deiner schönsten Eigenschaft : der Tugend.

Venuswagen:

Hymen will gerufen werden, Amor kommt, wenn's ihm beliebt.

Vergissmeinnicht:

Drei Worte bringen des Wiedersehens Wunsch an's Ziel : Vergiss-mein-nicht!

Vexirnelke:

Den erkornen Freund durch Täuschungen nicht zu prüfen, vermag nur eine edle Seele.

Vielast:

Zwei Seelen werden eins, wenn die allmächtige Liebe naht.

Viole:

Ich mag augenblicklich in mehrere verliebt sein, aber lieben kann ich nur Dich.

Vogelbeerblüthe:

Es reut mich, dass ich, durch Deine lockende Sirenenstimme verleitet, mich in Dich verliebt habe.

Wachholderblüthe:

Kannst Du meinen liebreichen Blick nicht deuten?

Wachsblume:

Dein Charakter ist weich wie Wachs, er empfängt schnell Eindrücke, die sich aber gar bald verwischen.

Waid:

Die Pflicht gebeut mir, Dich zu lassen, aber zum Vergessen kann sie mich nicht zwingen.

Waldglöckchen:

Oft schon hat mir Dein helles Auge freundlich zugelächelt.

W a l d l i l i e :

Ewig Glück mag unsern Freundschaftsbund umglänzen.

W a l d n e l k e :

Ich fühle mich durch unser Verhältniss etwas beunruhigt und weiss nicht, wie ich diese Regung deuten soll.

W a l d r a u t e :

Als ich Dich zum ersten Mal erblickte, ward' ich Dir schon geneigt.

W a l d r ö s c h e n :

Wer für stilles Glück geschaffen ist, lebt nur verborgen beglückt.

W a l d v e i l c h e n :

Mild wehet sein Athem aus dem Schatten dicht belaubter Bäume dem glücklichen Finder entgegen. So erblühe auch still und verborgen unserer jungen Liebe Glück.

W a l d w i n d e :

Liebe mich, auch wenn Du ferne bist.

W a l l e n i e :

Erst an den stürmisch klopfenden Pulsen erkenn' ich, dass Du mir mehr bist als ein Freund.

W a l l i c h i e :

Wenn die Liebe edel und ein Kind des Himmels ist, verlangt sie einzig Gegenliebe.

W a s s e r b a l s a m :

Erlaube mir, Dir nicht mit Worten, sondern mit Thaten zu danken.

W a s s e r l i l i e :

Wohl dem, der es versteht, zur rechten Zeit die gleichgestimmte Seele aufzufinden.

W a s s e r m o r e l l e :

Du zürnest mir, weil ich Dich durchschaut habe.

W e g t r i t t :

Es war so böse nicht gemeint.

W e i c h s e l b l ü t h e :

Wer nie der Liebe Glück empfunden, lernte auch ihren Stachel nicht kennen.

W e i d e :

Die echte Freundschaft leiht uns ihren Arm, des Lebens Lasten zu ertragen.

W e i d e r e i s :

Du besitzest die Bedingungen zu einer edlen Freundschaft, denn Du bist nachgiebig.

W e i n l a u b :

Mit Deiner wiederkehrenden Heiterkeit kannst Du mir meine Lebenslust zurückgeben.

W e i n r e b e n b l ü t h e :

Nur der ist weise, der die Frucht der Jahre, erst wenn sie reif ist, pflückt.

W e i s s d o r n b l ü t h e :

Ich will in der Liebe gleichem Sinne Schmerz und Freude redlich mit Dir theilen.

W e r m u t h :

Kaum dass wir uns gefunden haben, fällt in den gefüllten Freudenbecher der Trennung schon ein bitt'rer Wermuthstropfen.

W i c k e n b l ü t h e :

Beneidenswerth ist jeder, dem der Himmel die Perle „Freundesliebe" schenkte.

W i e s e n b l u m e :

Wenn schon der Erfüllung dieser Bitte Vieles im Wege steht, so will ich sie Dir doch gewähren.

W i e s e n k r a u t :

Das Schöne und Wahre ist Dir nirgends näher als in Deinem tugendhaften Herzen.

W i e s e n s a f r a n :

Ich will heute einmal an Deine Freundschaft appelliren.

W i n d e :

Du musst mich vergessen, ich kann Dir leider keine Hoffnung machen.

W i n t e r a s t e r :

Dies Blümlein spricht zu Dir : Traure nicht, wir werden einst schöner wieder auferstehen.

W i n t e r b l ü m ch e n :

Meine Freundschaft wird indessen für Dich handeln und sorgen.

W i n t e r g r ü n :

Wo die Freundschaft lächelt, glänzt der helle Sonnenschein, ohne Freundschaft würden selbst im Sommer Winterflocken treiben.

W o l f s m i l ch :

Du bist von so kaltem Wesen und unbeweglichem Sinne, dass man glauben könnte, Du besitzest ein Herz von Stein.

W o l l b l u m e :

Dein bin ich auf ewig.

W o l l g r a s :

Weil Dein Sinn nach innerem Werthe strebt, bin ich Dir so sehr gewogen.

W u n d e r b a u m b l ü t h e :

Keine Dissonanz soll die Harmonie unserer Seelen stören.

Y a m s w u r z e l :

Ein gutes Herz kann nur von einem ebensolchen Herzen verstanden und beglückt werden.

Y u k o b l ü t h e :

Ich bin überzeugt, dass Deine Anhänglichkeit und Freundschaft für mich unwandelbar ist.

Y s o p b l ü t h e :

Kannst Du so grausam sein, mich sobald wieder zu vergessen?

Z a n k k r a u t :

Harmoniren wir auch nicht immer, so denke ich doch gerne an Dich.

Z a n t h o x y l l u m :

Verkenne mich nicht, meine äussere Kälte gehört für die Welt, in meinem Innern glüht ein fühlend Herz für Dich.

Z ä r t l i n g :

Zu viele Süssigkeit widersteht. Du bist zu zärtlich für mich.

Z a u n b l u m e :

Meine Sinne sind durch Deinen unendlichen Liebreiz gefangen genommen.

Z a u n w i n d e :

So scharf und tief wie der Falkenblick der Liebe sieht kein Auge der Welt.

Z e h r w u r z e l :

Wenn ich Dich sehe und Deine süsse Stimme höre, wird mir so wohl ums Herz.

Z e i t l o s e :

Mein Herz ist in Liebe für Dich entfacht, und gerne folge ich dem himmlischen Gefühle.

Ziegenstrauch:

Von Dir hab' ich stets nur das Beste und Schönste geglaubt.

Zimmtblüthe:

Wo harmonisch Herz an Herzen pochet, da blüht in seligstem Vertrauen der edlen Freundschaft Himmel.

Zimmtrose:

Als ich Dich sah, sprach eine innere Stimme zu mir: An diese Seele hat Dich Gott gewiesen.

Zindelbast:

Ich bin nicht gefühllos, glaube dies nicht, der Schein trügt oft.

Zitronelle:

Was ich Dir gesagt habe, ist vollster Ernst, nimm es im besten Sinne.

Zittergras:

Ich bebe und zittere ob des Gedankens, dass Du ausser mir Jemanden Anderen lieben könntest.

Zizanie:

Du betrübst mich durch Dein argwöhnisches und empfindliches Gemüth.

Zizikraut:

Ich habe kaum den Muth, daran zu glauben, dass Du mich liebst, denn das Glück, Dein zu sein, ist zu gross.

Zuckerrohr:

Störe den himmlischen Gedanken, von Dir geliebt zu werden, nicht durch harte Worte oder Thaten.

Zuckerröschen:

Diese Blüthe ist der Spiegel, aus dem Dein süsses rosiges Bild widerstrahlt.

Zweiblatt:

Jedes liebende Herz bedarf eines zweiten Herzens.

Zweizahn:

Beglücke mich durch Deine Zuneigung.

Zwetschkenblüthe:

Suche mit mir allein zu sein, ich möchte Dich ohne Zeugen sprechen.

Zwiebelblüthe:

Du kannst Dir meine Liebe erwerben, wenn Du mir die zarte Achtung entgegenbringst, die ein edler Mann für ein weibliches Wesen fühlen muss.

Zymbelkraut:

Du magst mir zürnen, ich bleibe Dir trotzdem gewogen.

Holger Dreyer - 96 Seiten – ISBN 978-3-932928-16-1 - 13,90 €

Die Praxis der Spiegelmagie

Der Autor hat die Geheimnisse der Spiegelmagie erforscht und unglaubliche Ergebnisse erzielt. Dreyer beschreibt den Kontakt mit Astralwesen, Geistern und Dämonen, die nicht nur im Spiegel, sondern auch außerhalb des Spiegels manifest wurden: Aus dem Inhalt: Die Herstellung des magischen Spiegels / Spiegelschau mit magischen Spiegeln / Spiegel- und Astralschau / Die Erforschung esoterischer Geheimnisse durch Spiegel / Eine spiegelmagische Anziehungsglyphe / Erlebnisse während der spiegelmagischen Schau / Spiegelmagie mit einem Erdgeist / Die Erscheinung eines Saturngeistes / Herstellung magischer Sigille uva.

Frater Devachan - 80 Seiten – ISBN 978-3-932928-09-3 - 12,90 €

Kontakte zu Naturgeistern

Aus den Archiven magischer Geheimlogen über die Anrufung der Naturgeister. Aus dem Inhalt: Die Evolution der Zwischenwesen / Elfenhochzeit / Beschwörung von Erdwesen und Gnomen / Die Anrufung einer Baumdruse / Evokation des Naturgottes Pan / Die magische Bildung von Gedankenwesen / Magisches- Licht- und Beschwörungsritual / Anrufung von Wesenheiten des Planeten Venus. Dieses außergewöhnliche Buch zeigt *echte* Anrufungen und Kontakte zu Naturgeistern.

Kurt Krause – 73 Seiten – ISBN 978-3-932928-19-2 - 12,90 €

Enochian Magick

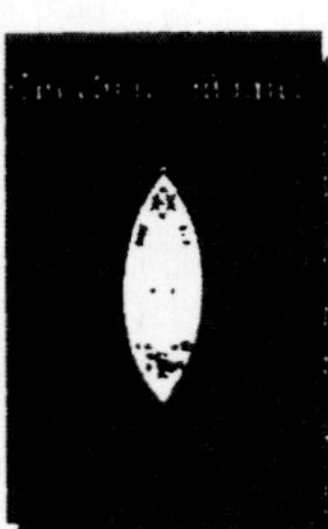

Die Henochische Magie des Dr. John Dee gilt als eines der mächtigsten magischen Systeme überhaupt. Kurt C Krause & Michela Megna zeigen die Praxis der Enochian Magick, beschreiben die Kontaktaufnahme mit den Hütern der Wachtürme und lehren die Freisetzung des magischen Potentials im Menschen. Aus dem Inhalt: Enochian Magick Praxis / Die Wachtürme / Die enochischen Wesenheiten / Die großen Gottesnamen / Das enochische System / Reisen in die Aethyre / Enochian Ritual / Erfahrungsberichte uva.

Baron M. du Potet – 96 Seiten – ISBN 978-3-932928-01-7 - 13,90 €

Die entschleierte Magie

Die „Entschleierte Magie" bietet dem Forscher und Praktiker des Okkulten unschätzbare Anweisungen und Praktiken aus Magie und Magnetismus. Inhalt: Magische Striche / Der magische Spiegel / Magische Anziehung / Magische Sympathie und Antipathie / Vorbedingungen und Ergebnisse der Experimente / Geistige Schöpfungen / Lbendige Kraft der Gedanken / Bereitung des Spiegels / Visionen / Unsichtbarer Kreis und Spiegel / Ergründung des Schicksals / Magische Buchstaben und Zeichen uva.

Karl Brandler-Pracht – 304 Seiten – ISBN 978-3-932928-04-8 - 15,90 €

Lehrbuch zur Entwicklung der okkulten Kräfte

Handbuch der weißen Magie zur Entfaltung magischer Fähigkeiten. Aus dem Inhalt: Die Gedankenbeherrschung / Der negative Zustand / Der magnetische Blick / Die Wunschkraft / Selbsterkenntnis und Befreiung / Die höhere Atemtechnik / Telepathie und Gedankenübertragung / Vorsätzliches Wahrträumen / Hellsehen und Hellhören / Die Tattwas / Der Astralkörper / Die heilmagnetische Kraft / Die höheren magischen Fähigkeiten / Die Macht des Reinen uva. Das Buch enthält eine gründliche Anleitung zur Ausbildung der höheren geistigen Kräfte des Menschen und gilt als eines der wichtigsten Werke der weißen Magie.

Det Morson – 128 Seiten, ISBN 978-3-9802704-6-5 - 15,90 €

Das große Buch der Liebeszauber

Dieses Buch zeigt eine große Anzahl besonders wirksamer Liebes- und Hexenzauber. Aus dem Inhalt: Liebeszauber / Liebeskräuter / Aphrodisiaka / Die Herstellung von Liebestränken / Erotische Parfüms / Der Duft der Unsterblichkeit / Kerzenzauber / Zigeunermagie / Puppenzauber / Baumzauber / Wurzelzauber / Krötenmagie / Alraunenzauber / Nestelknüpfen / Magische Quadrate / Bindungszauber / Liebessigille / Liebestalismane / Liebespulver und Philter / Ritual zur Aufrechterhaltung der Liebe / Das Lösen der Liebeszauber uva.

Det Morson – 407 Seiten – ISBN 978-3-9802704-0-3 - 24,90 €

Praxis der weißen und schwarzen Magie

Dieses Buch ist eine Fundgrube des esoterischen Wissens und der magischen Praxis. Der Autor zeigt, wie man seine magischen Kräfte systematisch entwickelt und gezielt einsetzt. Aus dem Inhalt: Vom Sinn des Seins / Die Astralebene / Der Hüter der Schwelle / Die Kraft der Mantren / Das magische Lichtritual / Die Magie des Wassers / Runenmagie / Levitation / Spiegelmagie / Die Weihung magischer Gegenstände Pentagramm-Magie / Pendelmagie / Die Praxis der spiritistischen Sitzung / Die Magie der Edelsteine / Die Magie der Glyphen / Pentagramm-Magie / Liebeszauber / Schwarze Magie uva.

Frater Johannes – 96 Seiten – ISBN 978-3-932928-07-9 - 12,90 €

Praktische Vorbereitungen zur Magie

Die Techniken und Vorübungen zu einer erfolgreichen magischen Praxis. Aus dem Inhalt: Magie der Persönlichkeit / Konzentration aller Kräfte / Vergeistigter Atem und Kraftatem / Einodung / Odaufnahme / Entodung / Sonnen-Prana-Aufnahme / Entwicklung der Chakras / Praxis der Baumübung / Umpolung der Sexualkräfte / Die geistige Einstellung bei magischen Handlungen / Geistige Einstellung bei magischen Symbolen / Verstärkung der Aura / Reinigung und Schutz der Aura / Der magische Odmantel uva.